Dietrich Schäfer

# Die Hanse

Dietrich Schäfer

**Die Hanse**

ISBN/EAN: 9783954273324
Erscheinungsjahr: 2013
Erscheinungsort: Bremen, Deutschland

© maritimepress in Europäischer Hochschulverlag GmbH & Co. KG, Fahrenheitstr. 1, 28359 Bremen. Alle Rechte beim Verlag und bei den jeweiligen Lizenzgebern.

www.maritimepress.de | office@maritimepress.de

Bei diesem Titel handelt es sich um den Nachdruck eines historischen, lange vergriffenen Buches. Da elektronische Druckvorlagen für diese Titel nicht existieren, musste auf alte Vorlagen zurückgegriffen werden. Hieraus zwangsläufig resultierende Qualitätsverluste bitten wir zu entschuldigen.

# Die Hanse

Von

Prof. Dr. Dietrich Schäfer

Mit 99 Abbildungen

Bielefeld und Leipzig
Verlag von Velhagen & Klasing
1903

Abb. 1. Hafenszene.
Dem Schifferecht vorangesetzte Miniature im hamburgischen Stadtrecht vom Jahre 1497.
(Zu Seite 90.)

Abb. 1. Schnitzerei am Schonenfahrerstuhl in der Marienkirche zu Lübeck. (Zu Seite 90.)

## I.

Die Meere, welche die nördlichen und nordwestlichen Küsten Europas umspülen, dringen tiefer und buchtenreicher in das Land ein, als das irgendwo sonst auf dem weiten Erdenrunde der Fall ist. Eine ungewöhnlich große Zahl wasserreicher, schiffbarer Ströme ergießt sich in diese Meere und ermöglicht Wasserverbindungen in einem Umfange, der kaum irgendwo übertroffen wird. Besonders durch den letzteren Umstand sind die nördlichen Gebiete Europas stark bevorzugt vor den sonst von der Natur so reich ausgestatteten Mittelmeerländern.

Dieser Vorzug ist aber erst in neuerer Zeit in der Ausgestaltung des Verkehrs zur Geltung gekommen. Die Wendung hat das sechzehnte Jahrhundert herbeigeführt; doch haben erst im achtzehnten und neunzehnten, und ganz besonders im letztgenannten die nach Norden und Nordwesten gerichteten Gestade Europas die Mittelmeerküsten völlig überflügelt, diese in so weitem, fast unausgleichbarem Abstande hinter sich zurückgelassen, daß selbst die Eröffnung eines dem Süden so günstig gelegenen Verkehrsweges, wie der Suezkanal ist, das beiderseitige Verhältnis nicht wesentlich zu verschieben vermocht hat. Europa hat sich im Laufe der letzten Jahrhunderte gleichsam umgewendet. Während es früher nach Süden und Osten blickte, sind seine Augen jetzt nach Norden und Westen gerichtet. In den Stromgebieten seiner nördlichen Meere wohnen seine blühendsten Völker; hier hat es seine reichsten Städte, entfaltet sein buntestes Leben. Von hier aus schaut es hinaus in die weite Welt und spinnt die Fäden, die es mit dieser verknüpfen. Die Geschichte kennt kein Beispiel einer ähnlich tiefgreifenden und weitwirkenden Wandlung.

Die deutsche Hanse ist es, die wesentlich dazu beitrug, sie vorzubereiten und einzuleiten. Das ist ihre weltgeschichtliche Bedeutung.

\*     \*
\*

Die Mittelmeerländer traten viel früher in das Licht der Geschichte als die nordeuropäischen Gebiete; zu einer Zeit, wo die Landschaften von Nord- und Ostsee noch nichts erlebten, was im Gedächtnis der Menschen bewahrt blieb, waren jene Träger von Kulturen, wie die Welt sie reicher nicht gesehen hat. Der Grund kann nur in den natürlichen Verhältnissen gefunden werden. Der sonnige Süden bot dem Menschen ein behaglicheres Heim und schenkte ihm um leichtere Mühe, was er zu Nahrung, Kleidung und Wohnung bedurfte. Nur durch die anstrengende Arbeit einer langen Folge von Geschlechtern hat der Boden des rauheren Nordens umgeschaffen werden können in eine Heimstätte höchster Gesittung. Viel leichter waren die Gewässer des Mittelmeeres zu befahren als die so häufig von Stürmen gepeitschten, von Nebel umnachteten, von Regengüssen und Schnee-

1\*

gestöbern heimgesuchten Gebiete der nördlichen Meere; Ebbe und Flut und die seichten Küsten erschwerten hier die Schiffahrt in einer dem Seemann des Mittelmeeres unbekannten Weise. So blieben diese Gewässer in kimmerische Nacht gehüllt, bargen die äußerste Thule, als das Mittelmeer längst umsäumt war von blühenden Hafenplätzen, seine Wogen von Schiffen durchfurcht wurden von den Säulen des Herkules bis in die äußersten Winkel des Pontus Euxinus.

Die Eroberung Galliens und des Augustus Bemühungen, die Lande vom Rhein bis zur Elbe, als Außenwerk jenseits des Alpenwalles, zur Deckung Italiens gegen die Barbaren des Nordostens zu unterwerfen und zu behaupten, haben die Römer zuerst bekannt gemacht mit den Gewässern des Kanals und der Nordsee und den an ihren Gestaden wohnenden Völkern. Es war das Jahrhundert, das zwischen Cäsars Emporkommen und dem Kreuzestode des Erlösers liegt. Früher war von diesen Gegenden nur vereinzelt dunkle Kunde in die römisch-griechische Welt gedrungen. Man fand die Küsten der neu erkundeten Meere besetzt von keltischen und germanischen Völkerschaften, jene an beiden Ufern des Kanals, östlich ungefähr bis zur Schelde-Mündung, diese weiter gegen Morgen. Die Ostsee hat nie ein römischer Kriegsmann gesehen; nur Händler haben sie als Träger und Boten der höheren Kultur erreicht. Sie war um diese Zeit in ihren wohnlichsten Küstengebieten, in Skandinavien wohl schon hinauf bis Drontheim und Stockholm, an den südlichen Gestaden mindestens bis zur Weichsel ebenfalls besetzt von germanischen Völkerschaften. Ihr Herrschaftsgebiet an Nord- und Ostsee blieb nicht wesentlich zurück hinter dem, was heutigen Tages von ihren Nachkommen, Deutschen, Niederländern, Skandinaviern, in mittleren Nordeuropa besetzt gehalten wird.

Die Römer fanden die germanischen Anwohner der Nordsee mit seemännischer Übung vertraut. Daß die der Ostsee ihnen in dieser Beziehung nicht nachstanden, kann nicht bezweifelt werden. Ihre Wanderungen aus der skandinavischen Heimat, dem „Mutterschoße der Völker" nach Jordanis, hinüber an die gegenüberliegenden deutschen Küsten, die in diese Zeit oder wenig später zu setzen sind, beweisen es. Die Vertrautheit mit dem Meere machte die niederdeutschen Küstenstämme, Franken, Friesen und Sachsen, für die römische Küstenbevölkerung bald zu nicht minder gefürchteten und gefährlichen Nachbarn, als es ihre binnenwärts wohnenden Stammesgenossen durch ihren nicht zu bändigenden Kriegs- und Wandermut für die langen Landgrenzen des Imperiums waren. Gefangene Franken, die Kaiser Probus um 280 ans Schwarze Meer verpflanzt hatte, vermochten dort Schiffe in ihre Gewalt zu bringen und auf dreijährigem Seezuge, raubend, plündernd und wüstend, durch Bosporus, Hellespont und Straße von Gibraltar hindurch, die niederrheinische Heimat zu erreichen. Sächsische Seeräuber suchten die Küsten Galliens heim; an Flußmündungen wurde dort, wie es später mit den Normannen geschehen ist, der Versuch gemacht, die gefährlichen Fremden anzusiedeln zum Schutze gegen ihre eigenen Landsleute. Ihrer Seetüchtigkeit verdankten es die niederdeutschen Stämme, daß ihnen ein wertvoller Beuteteil aus dem zusammenbrechenden römischen Kaiserreich zufiel, daß Englands keltische Briten aus der römischen unter die angelsächsische Herrschaft gerieten. Die Nordsee war jetzt mit Germanen fast vollständig eingefaßt. So wenig wie vor der Ostsee hat vor ihr die Völkerwanderung Halt gemacht.

Wir sind nicht ohne Kenntnis über die Art, wie die germanische Schiffahrt dieser Jahrhunderte betrieben wurde. Dem Erdboden, der uns so manche vorgeschichtliche Kunde bewahrt hat, verdanken wir sie. Im Sundewitt, jener durch die Düppelkämpfe so bekannt gewordenen, gegen Alsen hin sich erstreckenden Halbinsel, und in Norwegen in der Nachbarschaft von Christiania sind Funde gemacht worden, bei denen ganze, gut erhaltene Langboote aus der Zeit der Völkerwanderung zu Tage kamen. Sie gehören zu den wertvollsten und anziehendsten Schätzen der reichen prähistorischen Sammlungen von Kiel und Christiania (Abb. 3). Sie erinnern in ihrer Gestalt an die noch heute in Dalekarlien auf dem Silja gebräuchlichen, scharf gebauten Kirchenboote, die von fünfzig und mehr Rudern getrieben mit erstaunlicher Schnelligkeit das Wasser durchschneiden, sind offen, ohne Deck, und mit hohem Vorder- und Achtersteven versehen. Sie haben Kielbalken bis zu 15 m Länge, sind mittschiffs gegen 3½ m breit und boten sicher Raum für 60 bis 80 Bewaffnete. Ihre

Abb. 3. Wikingerschiff. Original im Universitätshof zu Christiania. (Zu Seite 4.)

Insassen konnten sich der Ruder und Segel, auch beider Beförderungsmittel zugleich bedienen. Einer der ersten englischen Schiffsbauer der Neuzeit hat erklärt, daß er nicht im stande sei, ein besseres Boot zu bauen. Ein Fahrzeug, das nach dem Muster des bei Gokstad am Christianiafjord gefundenen hergestellt wurde, hat die Reise über den Ozean zur Weltausstellung in Chicago gemacht. Wesentlich kleinere, in der Form ähnliche Boote, die man im Flußbett der Seine bei Paris gefunden hat und mit gutem Grund mit der Belagerung dieser Stadt durch die Normannen im Jahre 885 in Zusammenhang bringt, geben ein Bild, wie man die Beutezüge auf die Binnengewässer ausdehnte. Daß das während der Völkerwanderung in anderer Weise geschehen sei als später auf den Wikingerzügen der Normannen, ist nicht anzunehmen. Sind doch diese nichts anderes als die Völkerwanderung in der Form, in der sie die nordgermanischen Stämme ergriff, als ihre südlicheren Nachbarn schon zu festen Wohnsitzen gelangt waren.

Dem Gewinn, den das germanische Wesen aus der Zertrümmerung des römischen Weltreichs davontrug, stand zunächst ein empfindlicher, fast größerer Verlust gegenüber. Man hatte England erobert. Aber die weiten Gebiete von der Elbe und Saale bis zur Weichsel und darüber hinaus, dann das bergumkränzte böhmisch-mährische Land waren verloren gegangen an Völkerschaften, die den Grundstock bilden sollten für die dritte der drei großen Bevölkerungsgruppen, die heute neben Germanen und Keltoromanen den Erdteil besetzt hält. Dafür konnte der mäßige Zuwachs an Boden, den das germanische Volkstum an seinen Süd- und Westgrenzen dauernd behauptete, nicht entschädigen. Es ist im festländischen Europa (die skandinavische Welt darf man zum insularen rechnen) nie auf so schmale Basis gestellt gewesen als in dem halben Jahrtausend, das zwischen dem Aufrichten des langobardischen Reichs in Italien und dem erneuten Vordringen deutscher Siedler in den östlichen Teil der norddeutschen Tiefebene liegt.

Und diese Zeit ist zugleich die einer Entfremdung der deutschen Stämme vom Meere. Die alte Seetüchtigkeit scheint nur den Normannen erhalten geblieben zu sein, kommt allerdings bei ihnen zu großartigster Entfaltung (Abb. 4 u. 5). Sie haben die Meere durchfurcht rund um Europa herum. Ihnen war die Bjarma- (Weiße Meer-) so vertraut wie die Jerusalems-Fahrt. Die gewaltigen Ströme, die aus dem Inneren des heutigen Rußlands sich nach verschiedenen Himmelsgegenden ergießen, haben sie benutzt, um aus ihren heimischen Gewässern sowohl ins Kaspische als ins Schwarze Meer hinabzugleiten. Nie wieder hat das Mittelalter Ähnliches geleistet, erst das neunzehnte Jahrhundert Größeres.

Den Friesen, die nicht nur am, sondern gleichsam im Wasser wohnten, ist in dieser Zeit seemännische Übung wohl auch nicht ganz verloren gegangen. Aber das fränkische Reich, dem sie untertan waren, war weit entfernt, diese Kraft zu verwerten für die eigene Verteidigung. Es vermochte so wenig wie der angelsächsische Staat sich der nordischen Eindringlinge zu erwehren. Die Untertanen beider Reiche verschwinden gleichsam vom Meere. An der Südseite des Kanals entsteht ein normannisches Staatswesen. Seine Leiter vermögen sich Eng-

Abb. 4. Normannisches Schiff. Darstellung vom Bayeux-Teppich.

lands zu bemächtigen, das ohnehin schon in zweihundertjährigen Kämpfen gezwungen worden war, weite Gebiete dänischen Siedlern zu überlassen. Sie bringen mit ihrem normannischen auch das angenommene französische Wesen über den Kanal und führen so der Völkermischung, die bestimmt sein sollte, dereinst die Meere, vielleicht die Welt zu beherrschen, neue, wesentliche Elemente zu. Von eben diesen fränkischen Sitzen an der unteren

Abb. 5. Normannisches Schiff mit Bewaffneten.
Darstellung vom Bayeur-Teppich. (Zu Seite 6.)

Seine aus erstrecken sich ihre Beute- und Pilgerzüge auch ins Mittelmeer. Sie werden von einem deutschen Kaiser in Unteritalien zugelassen, werden bald Herren des Landes und als solche Stützen des Papsttums, Stützen, denen das geistliche Oberhaupt der Christenheit es vor anderen verdankte, wenn es dem weltlichen nicht nur widerstand, sondern obsiegte. Von ihrem unteritalienischen Staate aus spielen sie eine leitende Rolle in den Kreuzzügen. Noch vor der Besetzung der Normandie hatten Stammesgenossen aus dem mittleren Schweden dem russischen Reiche Bestand und Namen gegeben. Tief haben die Normannen ihre Spuren eingegraben in den Gang der Weltgeschichte. An den hervorragendsten Hergängen der mittelalterlichen Entwickelung, an der Begründung der modernen weltbeherrschenden Völker und Staaten nehmen sie einen bestimmenden Anteil. Sie vermochten es ausschließlich und allein vermöge ihrer großartigen Leistungen zur See.

Inzwischen hatten ihre südlichen Nachbarn, die Väter der gegenwärtigen Deutschen und Niederländer, das römische Reich deutscher Nation begründet, wie es spätere Jahrhunderte benannt haben. Ihr Staatswesen beherrschte mittel- oder unmittelbar das ganze zentrale Europa, im Osten bis an die Grenzen abendländischer Kultur, im Westen bis zur Rhone, Saone und Schelde, erstrebte die Unterwerfung des gesamten Italiens bis hinunter nach Apulien, Sizilien und Kalabrien. Für die Erweiterung seiner Macht nach dem Norden, an der See und über die See, hat es wenig versucht, nichts erreicht, was Bestand gehabt hätte. Seine Blicke sind nach Süden gerichtet, nach den Sitzen alter Kultur, nach römischer Macht und Herrlichkeit und dem Reichtum und Behagen einer milderen Natur. Selbst die sächsischen Kaiser haben dem Meere, das ihre Heimat bespülte, und auf dem ihre Vorfahren Ruhm und Besitz gesucht und erworben hatten, keine Aufmerksamkeit zugewandt. Im Gegenteil, gerade sie waren es, die dem deutschen Volke den Imperiumsgedanken einimpften; der letzte Otto vertrat ihn in krankhafter Verzerrung. Den oberdeutschen Familien der Salier und Staufen legte schon ihre Herkunft die Richtung ihrer Politik auf den Süden nahe; wo sonst sollte der Oberfranke, der Schwabe das Feld für seine Tatkraft suchen? So haben nur einzelne der großen Geschlechter, an deren Herrschaft sich der Name der „deutschen Kaiserzeit" knüpft, die den Küsten nahe gelegenen Gebiete ihrer weiten Reiche betreten, am meisten noch in den Gegenden des Nieder-

Abb. 6. Burg Dankwarderode zu Braunschweig. (Zu Seite 16.)

rheins. Und die Abwendung ist eine dauernde geblieben. So weit bekannt ist, hat nie ein deutscher Kaiser oder König vor Wilhelm I. Nord- oder Ostsee gesehen, jedenfalls nie einer von ihnen eines dieser beiden Meere befahren. Die Macht der Geschichte wird nur zu leicht unterschätzt. Sie zwingt den Geschlechtern ihre überlieferten Vorstellungen und Bestrebungen auf, und nur besonders Begnadeten ist es gegeben, in neue, zukunftsreiche Bahnen einzulenken. Das mittelalterliche deutsche Kaisertum hieß nicht nur ein römisches; es stand voll unter dem Banne römischer Anschauungen.

Doch es waren noch andere Kräfte im deutschen Volke lebendig als seine Königsgewalt; sie waren berufen, die Lücke auszufüllen, die von der zentralen Machtstelle offen gelassen wurde.

Die Ereignisse der Völkerwanderung haben das deutsche Volkstum von den Küsten der Ostsee verdrängt. An ihrem innersten Winkel, da wo Levensau und Swentine von zwei Seiten her sich in den Kieler Hafen ergießen, stießen vielleicht schon seit dem ausgehenden sechsten Jahrhundert, jedenfalls zur Zeit Karls des Großen slavisches und skandinavisches Wesen unmittelbar aneinander; nördlich wohnten Dänen, östlich im holsteinischen Seengebiet slavische Wagrier. Slaven hielten die Ostseeküste bis zur Weichsel besetzt, darüber hinaus bis an den Finnischen Meerbusen lettische und estnische Völkerschaften. Das gesonderte deutsche Reich, das durch den Vertrag zu Verdun begründet wurde, hatte am Meere kaum einen Anteil, nicht mehr als die damals außerordentlich dünn, wenn überhaupt bevölkerten Küstenstriche von der Weser bis zur Eidermündung; erst der Zerfall des lothringischen Reiches brachte die Friesen in ihren Sitzen von der Scheldemündung bis an und über die Weser hinzu.

Die Tätigkeit der Karolinger und besonders die der ersten sächsischen Könige begründeten eine deutsche Oberherrschaft über weite Gebiete der slavischen Stämme im Osten des Reiches. Auch die baltischen Völkerschaften bis zur Oder hin, die heutigen Landschaften des östlichen Holsteins, Lauenburgs, Meklenburgs und des vorderen Pommerns, wurden in diese Herrschaft einbezogen. Aber sie war keine stetige, dauernde; die Folgezeit, besonders die zweite Hälfte des elften Jahrhunderts, hat auf diesen dem Namen nach unterworfenen Gebieten neue selbständige Herrschaften slavischer Nationalität entstehen sehen. Und vor allem blieb von der vollzogenen Unterwerfung und der

Einrichtung einer Diöcesaneinteilung das bestehende Volkstum so gut wie unberührt. Weiter binnenwärts, in den dem Gebirge nahe gelegenen Landschaften, an der Donau abwärts und in den Alpenlanden faßte deutsche Siedelung schon damals festen Fuß; an der baltischen Küste ward bis ins zwölfte Jahrhundert hinein kein seßhafter Deutscher gesehen. Von deutscher Schiffahrt konnte bis dahin auf diesem Meere keine Rede sein.

Günstiger lagen die Verhältnisse an der Nordsee. Und dort zeigen sich nun auch die ersten Anfänge friedlichen Verkehrs, von denen die deutsche Seegeschichte zu berichten weiß. Friesen waren ihre Träger. Da, wo der Krumme Rhein sich vom Hauptstrom trennt, um sich der alten Bischofsstadt Utrecht (Rheni Trajectum) zuzuwenden, liegt in der Gabelung das Städtchen Wijk bij Duurstede; es ist neben Utrecht selbst der älteste und meist genannte Handels- und Schiffahrtsplatz dieser Gegend. Etwas später wird auch das weiter südlich, an der Waal gelegene Tiel erwähnt. Die Fahrten vollzogen sich ganz überwiegend auf den Binnengewässern, zu denen damals noch die Süder- (Zuider) See selber zählte, zwischen dem Festlande und der vorliegenden Inselreihe und auf den zahlreichen Wasserverbindungen, die zwischen den Mündungen des Rheines, der Maas und der Schelde bestanden und zum Teil noch heute bestehen. Die Reise, die Ansgar, den Apostel des Nordens, 826 von Frankfurt den Main und Rhein hinab über Utrecht und durch die friesischen Küstengewässer zu den Dänen führte, ging diese Wege. Sie sind bis auf die jüngsten Jahrhunderte hin für die Handelsverbindungen zwischen den Niederlanden einerseits und der Elbe und Weser andererseits in Brauch geblieben und noch heute dem Wattenfahrer wohl bekannt.

Doch hat man die offene See nicht völlig vermieden. Von den Gebieten des Niederrheins und der mittleren Maas sind früh Handelsbeziehungen mit England angeknüpft worden. Wein und Erzeugnisse der Stahlindustrie, die besonders in der Lütticher Gegend früh entwickelt war,

Abb. 7. Grabmal Heinrichs des Löwen und seiner Gemahlin im Dom zu Braunschweig. (Zu Seite 16.)

einerseits, Wolle andererseits waren gangbare Handelsartikel. Es ist eine für die Entwickelung des norddeutschen Verkehrs bemerkenswerte Stelle, in der das Londoner Recht des Königs Aethelred ums Jahr 1000 von den homines imperatoris, den „Leuten des Kaisers", spricht, die in ihren Schiffen kommen und „guter Gesetze würdig" sein sollen wie die Londoner selbst. Auch von der unteren Weser, von Bremen aus, wohin das Erzbistum aus dem von Slaven und Normannen zugleich gefährdeten Hamburg 845 zurückverlegt werden mußte, wird früh die See befahren sein. Der Anspruch der bremischen Kirche, die Botschaft zu den Heiden, die legatio gentium, in besonderem Auftrag erhalten zu haben, ihre Metropolitanstellung gegenüber dem skandinavischen Norden und dem slavischen Osten waren für die Bewohner des Ortes und die Gefolgschaft des Würdenträgers Antrieb und Ansporn zur Anknüpfung von überseeischen Beziehungen, deren Bedeutung durch das im Mittelalter nicht wieder erreichte historisch-geographische Werk des Adam von Bremen die rechte Beleuchtung erhält. Der Vorsteher der Domschule unter dem hochstrebenden Erzbischof Adalbert hat von einer kühnen Fahrt, die unter dessen Vorgänger Bezelin (1035—1043) von der Weser aus bis in die isländischen Gewässer hin unternommen wurde, einen anziehenden Bericht hinterlassen. Daß seit dem zehnten Jahrhundert von Bremen und der Weser aus Norwegen in seinen zu damaliger Zeit meist hervortretenden Teilen besucht worden ist, kann gar keinem Zweifel unterliegen.

Auch die Ostsee ist, obgleich ganz von Fremden umsäumt, schon in dieser Zeit von Deutschen bereist worden. In einer Lage, die für die damalige Art des Verkehrs geradezu als eine beherrschende bezeichnet werden muß, erhebt sich aus der Mitte des Ostseebeckens seine größte Insel, Gotland. Sie liegt in ziemlich gleicher Entfernung von den Eingängen zum Mälarsee, den Öffnungen des Finnischen und Rigaischen Meerbusens und den Mündungen von Weichsel, Pregel und Memel, wie geschaffen dazu, den noch unsicher tastenden Schiffer von Öland und der Südküste des jetzigen Schwedens, den alten dänischen Landen Schonen und Bleking, hinüberzuleiten nach Estland und Finland und den ihnen vorgelagerten Inseln. So ist das Land früh ein Mittelpunkt der Ostseeschiffahrt und des Ostseehandels geworden. Von den Tausenden römischer und byzantinischer, kufischer, angelsächsischer und deutscher Münzen, die Schwedens Boden entnommen worden sind, entstammt weit über die Hälfte dieser Insel; unter ihnen überwiegen wieder die deutschen aus der Zeit des zehnten und elften Jahrhunderts weitaus. Es ist nicht anzunehmen, daß sie ausschließlich von Skandinaviern und Slaven dorthin gebracht sein sollten, um so mehr, als wir wissen, daß deutsche Kaufleute um diese Zeit und früher den Handelsplatz Birka (Björkö) im Mälarsee erreichten. Allerdings mußten sie sich auf fremden Fahrzeugen einschiffen, in dem dänischen Hethaby (Schleswig) oder dem slavischen Stargard (Oldenburg) in Ostholstein. Händler aus Westfalen und vom Rhein scheinen es besonders gewesen sein, die diese weite Reise zu den entfernten, bis ins elfte Jahrhundert hinein heidnischen Völkerschaften unternahmen. Pelzwerk und

Abb. 8. Siegel der Genossenschaft deutscher Kaufleute auf Gotland. Original auf der Trese zu Lübeck vom Jahre 1280. (Zu Seite 20.)

Wachs einzutauschen gegen Webstoffe und Metallarbeiten war wohl ihr Hauptzweck.

\* \*

Diese bescheidenen Anfänge eines friedlichen Seeverkehrs, wie sie die Jahrhunderte von Karl dem Großen bis zum letzten Salier in den Gewässern, die heute die deutschen Küsten bespülen, sich entwickeln sahen, haben einen mächtigen Aufschwung erfahren durch die großen Kolonisationen des zwölften und dreizehnten Jahrhunderts, die neben der Reformation und dem Emporkommen des preußischen Staates wohl das folgenreichste Ereignis der deutschen Geschichte darstellen. Wie Altertum und Neuzeit hat auch das Mittelalter seine große kolonisatorische Bewegung gehabt. Die Völkerwanderung selbst war im Grunde genommen nichts anderes. Die Kolonisation

Abb. 9. Siegel der Goten von Wisby. Original auf der Trese zu Lübeck vom Jahre 1280. (Zu Seite 20.)

war mit ihr aber nicht abgeschlossen. Auch als der Zerfall des karolingischen Gesamtreiches den Boden für die Errichtung nationaler Staaten geebnet und deren Grundmauern gesetzt hatte, fühlten die Völker noch das Bedürfnis nach Betätigung ihrer Kräfte auf fremdem Boden. Die Franzosen suchten auf der pyrenäischen, die Italiener auf der Balkan-Halbinsel und im Tyrrhenischen Meere einen Schauplatz für ihren Unternehmungsgeist; dann fand sich die gesamte romanische Welt in den Kreuzzügen zusammen, die ja zumeist von ihrem Geist getragen sind. Die Francisierung Kataloniens, die Italisierung der westlichen Mittelmeerinseln und dalmatinischer, epirotischer, griechischer Küstenplätze, das Vordringen abendländischen Wesens in die Levante sind dauernde Erfolge dieser Mühen. Sie bedeuten ein allgemeines Zurückweichen byzantinischer und besonders mohammedanischer Kultur, die im Verfolg dieser Bestrebungen über das Mittelmeer zurückgeworfen wird. Die germanische Welt durchzieht die gleiche Bewegung. Die Engländer beginnen unter ihren normannisch-französischen Königen die schottischen Nachbargebiete, Wales und Irland politisch und national zu assimilieren. Dänemark und Schweden suchen, als schon die Wikingerzeit durch die feste Königsordnung abgelöst war, ihre Macht über die Ostsee auszubreiten, fassen Fuß, jenes in Estland, dieses in Finland. Vor allen anderen Nationen aber haben die Deutschen damals Erfolge errungen, die im Mittelalter durch nichts übertroffen worden sind.

Als der Vertrag von Verdun ein selbständiges deutsches Reich begründete, waren die Grenzen deutscher und slavischer Nationalität im wesentlichen bezeichnet durch eine Linie, die von der Einmündung der Swentine in die Kieler Bucht hinübergeführt zum Sachsenwalde (limes saxonicus) im Herzogtum Lauenburg, der Elbe und der Saale aufwärts folgt bis in das Quellgebiet des letzteren Flusses, dann hinübergeht an den Böhmerwald und mit ihm zur Donau und südlich dieses Flusses in den Alpen das italienische Sprachgebiet so erreicht, daß der östliche Teil des mittleren Tirol, das obere Pustertal, noch den Slaven zufällt. Nicht unbedeutende Bruchteile slavischer Stämme sind, besonders im oberen Maingebiet, noch westlich dieser Linie nachweisbar. Von den heute in Europa vorhandenen Deutschen wohnen ziemlich die Hälfte auf Boden, der ihren Vorfahren vor tausend Jahren nicht gehörte. Die deutschen Könige, die italienische und Kaiserpolitik trieben, sind in unseren Tagen getadelt worden, daß sie über glänzenden Phantomen das Nächstliegende vernachlässigt hätten, die Sicherung des Germanisierungswerkes im Osten in einer Weise, die Rückschläge unmöglich gemacht hätte. Indem man so urteilte, übersah man, daß gleichzeitig von den Königen die Herrschaft in Italien angestrebt, von ihrem Volke die Ausbreitung des deutschen Wesens im Osten vollzogen

worden ist. Wenn die Herrscher aus dem sächsischen Stamme, die die Kaiserpolitik
begannen, sich gegenüber der slavischen Welt mit der Aufrichtung einer äußerlichen Oberherrschaft begnügten, so liegt der Grund in der Tatsache, daß in ihren Tagen das
von ihnen beherrschte Volk noch nicht reif war, fremden Boden zu besiedeln; es fand
für eine derartige Tätigkeit noch reichlich Raum in der Heimat. Das ward anders in
den zweihundert Jahren, in denen unter seinen sächsischen und salischen Herrschern der
deutsche Staat der mächtigste der Christenheit war. Es ist die Zeit, in der sein Volk
Herr wurde des heimischen Grundes durch Städte-, Klöster- und Burgenbau und durch
die umfassendsten Rodungen und Siedelungen, die unsere Geschichte kennt. Jetzt war
es fertig, seine Tatkraft auch auf fremdem Boden zu erproben, und ein entwickeltes
System von Sondergewalten stand zu seiner Führung bereit. Die Versuche, die von
Italien und Deutschland aus gemacht worden sind, universale Gewalten aufzurichten, dort
die Papst-, hier die Kaisermacht, haben die Entwickelung territorialer Selbständigkeit in
diesen Ländern mächtig gefördert. Das hat die in mancher Beziehung traurige Folge
gehabt, daß beide Länder lange des nationalen Staates entbehren mußten, ihn erst in
unseren Tagen erlangten; es hat aber den territorialen Bildungen bei beiden Völkern
für ihre politische und kulturelle Entwickelung eine Bedeutung gegeben, die sie sonst
nirgends gewonnen haben. Die Kolonisierung und Germanisierung des Ostens ist ein
Werk der deutschen Territorien und ihrer Angehörigen.

Der deutsche Bürger- und Grundbesitzerstand, der sich noch heute in den baltischen
Provinzen Rußlands erhalten hat, und der vom Gebirgswall der siebenbürgischen Karpaten
umschlossene Sachsenboden sind die äußersten Posten, bis zu denen mittelalterliche deutsche
Kolonialarbeit vorgedrungen ist. In den weiten Gebieten zwischen diesen Marksteinen
und der Heimat ist sie überall vertreten, um so fester und dichter, je näher den alten
Reichsgrenzen. Ein Blick auf eine Sprachenkarte zeigt, daß an der baltischen Küste
entlang das Deutschtum viel weiter geschlossen nach Osten vorzudringen vermochte als
irgendwo im Binnenlande. Von Flensburg bis Memel beherrscht es mit einer einzigen
kurzen Unterbrechung an der hinterpommersch-westpreußischen Grenze die Küste ununter-
brochen. Das Meer hat seine Ausbreitung unterstützt. Hier ist der Boden, auf dem
die deutsche Hanse erwachsen, auf dem sie vor allem heimisch geblieben ist.

\*

In rascher Folge und fast ununterbrochener Entwickelung sind die Ostseegestade von
Kiel bis über Riga hinaus unter deutsche Herrschaft gebracht worden. Kaum einer hat
hier mehr Verdienste als der Zeitgenosse, Vetter und langjährige Freund Friedrich
Barbarossas; der mächtige Sachsenherzog Heinrich der Löwe, von dem Helmold, der
Geschichtsschreiber seiner Taten, Pfarrer zu Bosau am Plöner See, sagt: „Er hat
die Kraft der Slaven zerrieben wie vor allen Herzögen, die vor ihm gewesen sind, viel mehr
als jener Otto, der Kaiser. Er legte ihnen das Gebiß zwischen die Kiefer und lenkt
sie, wohin er will. Er gebietet Frieden, und sie gehorchen; er befiehlt Krieg, und sie
sprechen: Hier sind wir." Mit ihm, vor ihm, nach ihm sind die Schauenburger Grafen,
die Lothar, als er 1106 die sächsische Herzogswürde erhielt, aus dem buchenumkränzten
Wesertal nach Holstein versetzt hatte, tätig gewesen, Adolf I., II., III. Die Lande
bis zum Stettiner Haff wurden nun wirklich bezwungen, Wagrien an Holstein angeschlossen,
Lauenburg dem sächsischen Herzoge direkt unterworfen, in Ratzeburg und Schwerin Grafen
eingesetzt. Mecklenburg (Mitte und Osten des heutigen Großherzogtums Schwerin) und
das Land der Rugianer, die außer der Insel auch das vorpommersche Festland bis
zum Rick behaupteten, behielten ihre angestammten Fürsten; sie traten nach dem Sturze
Heinrichs des Löwen direkt unter den Kaiser. Erst ein Menschenalter später (1227)
begann die Christianisierung des Preußenlandes, das von der Weichsel bis zur Memel
reichte und nach schweren, fast ein halbes Jahrhundert währenden Kämpfen ein Besitztum
des Deutschen Ordens wurde, den der Herzog Konrad von Masovien herbeigerufen und
mit dem Kulmerlande (zwischen Weichsel, Ossa und Drewenz) ausgestattet hatte, um

Abb. 10. Die Stadtmauer von Bisib. (Zu Seite 20.)

Abb. 11. Die Stadtmauer von Wisby. (Norden.) (Zu Seite 20.)

Schutz zu gewinnen vor den gefährlichen heidnischen Nachbarn. Weniger glücklich war der Schwertorden, der schon früher, von Bischof Albert 1202 zu diesem Zweck gestiftet, eine ähnliche Aufgabe für Livland in die Hand genommen hatte, wo die ersten Keime des Christentums und deutschen Handelsverkehrs selbständig durch mönchische und bürgerliche Tätigkeit gelegt worden waren. Er mußte 1237 im Anschluß an den Teutschorden eine Stütze suchen gegen die Kraft der kriegerischen Liven und Letten. Niemals hat dort im fernen Nordosten das Deutschtum so festen Fuß fassen können wie in dem günstiger gelegenen Preußen. Es ist über Besitznahme des Landes und Begründung von Städten nicht hinausgekommen, nicht durchgedrungen zu deutscher bäuerlicher Besiedelung oder Germanisierung der Unterworfenen. An den Versuchen, die zwischen Kurland und Preußen gelegene litauische Landschaft Samogitien zu gewinnen (beide Länder haben bekanntlich nur dicht an der Küste bei Nimmersatt eine fadendünne territoriale Verbindung), hat sich der Orden, kann man wohl sagen, verblutet. Ein folgenschwerer Mangel, daß seine Kräfte überstieg, was möglich gewesen wäre, wenn ein Reich für die Aufgabe hätte eintreten können. Die Gebiete zwischen Peene und Weichsel, westlich unter den Herzögen von Pommern, östlich unter denen von Pommerellen (Danzig) stehend, sind ohne Schwertschlag unter der Führung ihrer einheimischen Fürsten dem Christentum und deutscher Kultur geöffnet worden. Es ist derselbe Hergang, der sich, mit einiger Ausnahme der brandenburgischen Marken, bei den binnenländischen Slaven vollzieht, vor allem in den weiten Gebieten des von den polnischen Piasten beherrschten Schlesiens und in den böhmischen Landen unter den Przemysliden. Mit Recht ist gesagt worden, daß nicht das Schwert des Ritters, sondern der Pflug des Bauern das Land erobert habe. Pommerellen ist, als seine Herzöge 1308 ausstarben, Besitztum des Deutschen Ordens geworden. Die Herzöge von Pommern haben sich schon nach dem Sturze Heinrichs des Löwen unters Reich gestellt.

Beginn der Städteentwickelung. 15

Zu dieser Umwälzung, die sich zeitlich ziemlich genau mit dem Ringen der Staufer um römische Kaisermacht und weltlichen Vorrang vor dem Papsttum deckt, hat alles mitgewirkt, was an selbständigen Kräften im deutschen Volke lebendig war: Fürst und Ritter, Bürger und Bauer, Bischof und Mönch. Bis in den äußersten Westen deutschen Wesens und selbst in französisches Sprachgebiet hinein greift die Unternehmungs- und Wanderlust, die im „Ostland", wie das alte flämische Lied singt, eine „bessere Stätte" sucht. Gerade die Flanderer spielen in diesen Siedelungen bis zum Preußenland hinein eine ganz hervorragende Rolle, neben ihnen Westfalen und Rheinländer, dann für die dem Gebirge nahe liegenden Gebiete Mitteldeutsche, doch aber im nordostdeutschen Flachland nur Sachsen und Franken, Schwaben überhaupt nicht, Bayern nur im Alpenlande. Die weiten Gebiete jenseit der Elbe füllen sich im zwölften und dreizehnten Jahrhundert mit deutschen Dörfern und Städten, deutschen Klöstern und Kirchen, mit deutschen Rittern und Ansiedelungsführern (locatores). Ihre einheimischen Fürsten unterliegen selbst dem Germanisierungsprozeß, nehmen deutsche Sprache und deutsche Sitte an und gehen auf im hohen deutschen Adel. Der Spielraum für deutschen Verkehr und deutschen Unternehmungsgeist wird im Zeitraum eines Jahrhunderts aufs Doppelte erweitert.

Die Folgen, die das nach sich zog, hätten aber nicht eintreten können, wenn nicht innerhalb des deutschen Volkes, noch in den Grenzen seines alten Bodens, sich eine Entwickelung angebahnt hätte, welche die Lösung größerer wirtschaftlicher und zumal handelspolitischer Aufgaben ermöglichte. Das elfte Jahrhundert sah das deutsche Städtewesen erstehen, das zwölfte sah es der Möglichkeit selbständiger Betätigung entgegenreifen.

Die altüberlieferte Lebensweise germanischer Völker war die ländliche. So tief war diese Gewöhnung eingewurzelt, daß die deutschen Stämme selbst auf dem Boden,

Abb. 12. Innenansicht von der alten Stadtmauer zu Wisby. (Osten.) (Zu Seite 20.)

wo die Römer Städte, und darunter große, glänzende, gegründet hatten, links des Rheines, rechts der Donau und in den Gebieten innerhalb des Limes, sich der neuen Form des Wohnens und Lebens nicht anbequemten. Sie ließen diese Ortschaften zerfallen, ihre Bauten in Trümmer sinken; höchstens daß in ihnen noch eine etwas dichtere Bevölkerung, als auf dem flachen Lande in Ortschaften zusammen zu wohnen pflegte, zumeist Reste der alten, eine Heimstätte fand, besonders wo vielleicht ein Bischof seinen Sitz behauptet. Erst im neunten und besonders im zehnten Jahrhundert begannen solche Orte sich wieder zu füllen. Das Bedürfnis nach festen Plätzen, die Schutz gewähren konnten gegen plötzliche feindliche Angriffe, spielt dabei in der Normannen- und Ungarnzeit eine Rolle. Gern lehnte man sich dabei an die Bischofssitze an, die im alten Römergebiet durchweg von diesem Volk gegründete Ortschaften waren, dann an königliche Pfalzen. Die letzteren haben aber an sich verhältnismäßig wenig zur Städtegründung beigetragen, denn auch der Hofhalt der Könige trug, wie der der Großen, so sehr einen ländlichen Charakter, daß feste Residenzen sich auf deutschem Boden erst spät im Mittelalter, nicht vor dem vierzehnten Jahrhundert entwickelten. Der Verkehr, den, wie für die Küstengebiete erwähnt, diese ältere Zeit aufzuweisen hatte, ist daher ganz überwiegend als ein von ländlichen Kreisen getragener zu denken. Die Friesen, bei denen Städtebildung erst spät eingesetzt hat und im ganzen Mittelalter dürftig geblieben ist, werden von alters her tief im Binnenlande als Händler erwähnt. Im überlieferten bäuerlichen Hausgewerbe, das ursprünglich nur dem eigenen Bedarf diente, hat man zuerst für den Verkauf gearbeitet, und aus diesen Kreisen sind die ersten einheimischen Händler hervorgegangen. Es war aber natürlich, daß sie sich mit Vorliebe an Orten sammelten, die für den Verkehr günstig lagen, und das waren zumeist die erwähnten Wohnplätze städtischer Art, in denen der Bedarf der Hofhaltungen an sich schon eine regere Gewerbtätigkeit und eine größere Handelsmöglichkeit weckte. Wie das Treiben war, das sich an solchen Orten entwickelte, davon hat der Utrechter Geistliche Alpert in seinen Bemerkungen über die Bewohner von Tiel, das übrigens weder eine Bischofs- noch eine Königspfalz hatte, eine anziehende Schilderung hinterlassen.

Bei steigender Bevölkerung der Ortschaften mußte gerade dieses Element eine entscheidende Bedeutung gewinnen. War es doch dasjenige, was an den Sammelpunkten größerer Bewohnerzahlen zumeist neue Werte schuf. So wurde der Markt, und was mit ihm zusammenhing, fast allüberall der Mittelpunkt des steigenden städtischen Lebens. Hier ergaben sich neue Rechtsfälle, die im Stammesrechte nicht vorgesehen waren, und deren Entscheidung eine besondere Sach- und Geschäftskenntnis erforderte. Hier galt es Anordnungen zu treffen, die Verkehr und Betrieb sicherten und erleichterten. So erwuchs ein besonderes städtisches Recht und eine gesonderte städtische Verwaltung, deren Organe, die consules (Ratsherren), je nach den Verhältnissen aus verschiedenen, immer aber aus den angeseheneren, einflußreicheren Elementen der vorhandenen Bevölkerung hervorgingen. Ihr natürliches Bestreben war, ihren Wirkungskreis zu erweitern und dadurch sich und die Gemeinde in Wohlstand, Stellung und Einfluß zu heben. Die Grundherren, Bischöfe und Könige, haben dieses Streben durchweg begünstigt. Das Emporblühen der städtischen Siedelungen eröffnete ihnen Aussicht auf neue Machtmittel, Einnahmen und Gefälle mancherlei Art, und ward mit der Erweiterung und Verstärkung der städtischen Befestigungen von steigender militärischer Bedeutung. So wuchsen bis zu den Zeiten Friedrich Barbarossas hin in den Gebieten, die für die Bildung der Hanse in Frage kommen, die Bischofsstädte Köln, Lüttich und Utrecht, Münster, Osnabrück und Bremen, Magdeburg, Halberstadt und Hildesheim, die Königspfalzen Goslar und Dortmund, Duisburg und Nymwegen zu ansehnlichen Mittelpunkten des Verkehrs mit zahlreicherer bürgerlicher Bevölkerung, die nun neben der ländlichen — und diese durch reichere Ansammlung von Betriebsmitteln bald überflügelnd — sich größeren Handelsfahrten widmete. Mit dem zwölften Jahrhundert traten auch weltliche Landesherren in diese Entwickelung ein, gründeten Städte als neue Quellen von Macht und Wohlstand. So entstand Braunschweig durch Heinrich den Löwen (Abb. 6), Hamburg, nachdem es als Bischofsort nicht hatte emporkommen können, durch die Schauenburger, Lübeck durch diese und den

Abb. 13. Ruine der Heiligengeist-Kirche (Helgeands-Kyrka) zu Wisby.
(Zu Seite 20.)

mächtigen Sachsenherzog, der es seinen ersten Begründern abnahm, zahlreichere geringere Plätze durch andere. Als die Kolonisation des Ostens in den letzten Jahrzehnten des zwölften Jahrhunderts in rascheren Fluß kam, war auf dem alten sächsischen und fränkischen Boden das Bürgertum genügend entwickelt, um als wesentlicher Faktor mitwirken zu können.

\*

Im slavischen Osten hat städtische Entwickelung nicht ganz den gleichen Gang genommen wie auf dem altdeutschen Boden. Früher als der Germane hat sich der Slave an das Bewohnen größerer, zusammenhängender Ortschaften gewöhnt. Sie gruppierten sich um die Burgwälle ihrer Häuptlinge, die Mittelpunkte der Burgwarde waren und ihre Bedeutung auch nach der Unterwerfung durch die sächsischen Könige nicht ganz verloren. So ist im zehnten Jahrhundert und wohl auch noch tief hinein ins elfte der slavische Osten an umwallten und verpalisadierten Plätzen reicher gewesen als der altdeutsche Westen. An diese Bildungen knüpft die deutsche Städtegründung an in der Zeit der Kolonisation. Die Städte östlich der alten Grenzen deutschen Wesens sind ganz überwiegend an den Stellen alter slavischer Ortschaften gebaut und haben deren

Namen übernommen und bewahrt. Lübeck selbst, die bedeutendste unter ihnen, ist ähnlich entstanden. Es lag als slavisches „Buku" auf der Halbinsel, welche die Schwartau bei ihrer Einmündung in die Trave mit dieser bildet, bis Adolf II. von Holstein es 1143 eine halbe Meile weiter aufwärts an seinen jetzigen Platz verlegte, wo zwischen Trave und Wackenitz eine noch vollständiger vom Wasser umschlossene Halbinsel eine noch geschütztere und zugleich weit geräumigere Lage bot. So entstanden Rostock und Wismar, Stralsund und Stettin, Kolberg und Danzig, binnenwärts Breslau und Krakau und zahlreiche kleinere Städte an Stellen, wo früher schon slavische Ortschaften vorhanden waren. Nur die meisten Städte auf litauisch-estnischem Boden, wie Königsberg und Riga und das von den Dänen unter Waldemar dem Sieger begründete Reval, sind als völlige Neubildungen anzusehen. Überall haben die Landesfürsten, gleichviel ob slavischer oder deutscher Nationalität, die Entstehung dieser städtischen Siedelungen begünstigt und gefördert. In der Aussetzung von Städten nach deutschem Recht an Stelle von slavischen Ortschaften, die irgend welche Selbstverwaltung über die agrarischen Angelegenheiten hinaus nicht besaßen, haben sie sämtlich eine hocherwünschte Förderung ihrer eigenen Interessen erblickt. Die neuen Siedler waren ursprünglich Deutsche, aber weiterhin haben diese, wenn sie ihre Städte mehren und heben wollten, wenigstens in den Gebieten, wo nicht auch das umgebende flache Land von Deutschen besetzt oder germanisiert worden war, auch slavischen Leuten Aufnahme in das Bürgerrecht gewähren müssen. Das Unterscheidende gegenüber den früheren Verhältnissen war eben dieses Bürgerrecht, das, von älteren deutschen Städten, besonders von Lübeck und Magdeburg her, übertragen, den Aufgenommenen emporhob über die ländliche Bevölkerung und ihn unwiderstehlich hineinzog in das neue Volkstum. So ist deutsche Städtegründung ein Kulturträger geworden für den gesamten Osten, auch für Gebiete, in die der mittelalterliche Deutsche höchstens vereinzelt gelangte; man ahmte dort den fremden Brauch im eigenen Volkstum nach.

## II.

Die Eröffnung so weiter neuer Gebiete, die an Flächenraum den von alters her besessenen Boden weit übertrafen, wirkte im höchsten Grade anregend auf die bestehenden Verhältnisse. Es ist in den Beziehungen zwischen dem alten und neuen Boden etwas, was an Hergänge erinnert, die wir infolge der starken Auswanderung nach den Vereinigten Staaten erlebt haben. Die Raschheit der Entwickelung, die Kolonien auszuzeichnen pflegt, in denen der Einwanderer selbst die Siedelungsarbeit vollziehen, den Boden bestellen kann, tritt auch in diesem mittelalterlichen Hergange in die Erscheinung. Die Kämpfer der Aufklärung, die in den ihnen entgegenstarrenden Ruinen des Mittelalters das größte Hindernis sahen für die Aufrichtung des Neubaus, der nicht ohne entbehrt werden konnte, haben die ihnen verhaßte Zeit als eine starre, entwickelungslose, jedem Fortschritt feindliche gebrandmarkt; durch sie ist das Wort ‚mittelalterlich' gleichbedeutend geworden mit ‚rückständig'. Und doch hat es, bis auf die Gegenwart hin, kaum eine Zeit gegeben, die rascher Neues geschaffen und entschlossener den Bedürfnissen des Augenblicks gedient hätte, als es die Jahrhunderte der Kreuzzüge und der ostdeutschen Kolonisation getan haben. Sie sind der Höhepunkt mittelalterlichen Lebens. Die Verbindung der Fremde mit der Heimat wurde festgehalten; die alten Bedürfnisse blieben, zahlreiche neue traten hinzu; weite Kreise wurden neu für beide gewonnen. Der Verkehr spielte sich nicht nur auf größerem Schauplatz ab, er gewann auch mächtig an Ausdehnung. Was sich in unseren Tagen zwischen den Vereinigten Staaten und Deutschland begeben hat, findet sein Gegenstück in diesen sechshundert Jahre zurückliegenden Hergängen. Der Aufschwung ist ein überraschender gewesen. Die an der Ostsee und ihren Zuflüssen neu begründeten Städte haben sich mit wenigen Ausnahmen ungefähr im ersten Jahrhundert ihres Bestehens bis zu den Umwallungen ausgewachsen, in denen sie bis zur Mitte des neunzehnten Jahrhunderts Platz gefunden haben. Zahlreiche ihrer älteren

Abb. 14. Heiligengeist-Kirche zu Wisby. (Zu Seite 20.)

Schwestern im Westen der Elbe haben um die gleiche Zeit erhebliche Vergrößerungen erfahren. Sieht man ab von den Residenzstädten und den gerade für die neuere Entwickelung so überaus günstig gelegenen Emporien an Elbe- und Wesermündung, so hat weitaus den meisten deutschen Städten bis tief in das neunzehnte Jahrhundert das Gewand gepaßt, das sie sich schon um 1300 gefertigt hatten.

Daß Aufschwung von Handel und Verkehr die treibende Kraft war, kann nicht bezweifelt werden. Das Jahrhundert der Kolonisation bedeutet zunächst die Erschließung der Ostsee. Sie war dem Deutschen eröffnet, und er ward bald ihr Herr. Normannische und slavische Schiffahrt wichen der deutschen. War früher nur der Kaufmann gesehen worden, jetzt erschien mit ihm der Schiffer.

Man kann die Ausbreitung der Deutschen im Ostseegebiet nicht auf ihrem ganzen Wege verfolgen. Nur Marksteine sind noch erkennbar; aber diese führen sicher genug. Einer der hervorragendsten ist die schon erwähnte Insel Gotland.

Würden wir allein auf die schriftlichen Quellen angewiesen sein, die Auskunft über dieses Land geben, so wäre die Kunde dürftig genug. Aber hier kommt das Wort des Dichters ins Gedächtnis:

> Könnte die Geschichte davon schweigen,
> Tausend Steine würden redend zeugen,
> Die man aus dem Schoß der Erde gräbt.

Gotland fällt auch dem oberflächlichen Besucher durch seine ungewöhnlich zahlreichen baulichen Überreste aus dem Mittelalter und zwar dem für den Norden frühen Mittelalter, dem zwölften und dreizehnten Jahrhundert, auf. Schon sein Reichtum an Kirchen ist für Schweden ganz ungewöhnlich. Es zählt deren 91 benutzte auf noch nicht 60 deutschen Quadratmeilen, während sonst in Schweden die Kirchspiele nicht selten mehrere Quadratmeilen umfassen und die Insel nicht so dicht bevölkert ist wie die auf gleicher

Breite liegenden binnenschwedischen Landschaften Ost- und Westgotland; daneben gibt es zahlreiche verlassene und verfallene. Mit wenigen Ausnahmen entstammen alle dem Mittelalter und zeichnen sich durch ungewöhnlich reiche Architektur aus. An der Westküste der Insel liegt ihre Hauptstadt Wisby. Ein ragender Mauerkranz, aus dem 38 von den früher vorhandenen 48 Türmen sich noch jetzt so ziemlich in ihrer ursprünglichen Höhe erheben, umgibt sie noch heute. Die Häuser der gegenwärtigen Bewohner füllen nur einen bescheidenen Bruchteil des weiten Raumes innerhalb dieser Mauern aus, die, da die Seeseite frei ist, drei Seiten eines Vierecks bilden mit insgesamt 11 200 Fuß, also ziemlich einer halben deutschen Meile Länge. Wisby bedeckte einen reichlich so großen Flächenraum wie Lübeck. 18 mittelalterliche Kirchen lassen sich nachweisen, von denen heute nur noch eine, die alte Marienkirche der Deutschen (S. Maria Toutonicorum), in Gebrauch und völlig erhalten ist (Abb. 23); von zehn anderen sind Trümmer vorhanden (Abb. 13 bis 17, 19, 20). Daß die Blüte, von der diese Reste der Vorzeit Zeugnis ablegen, schon

Abb. 15. St. Katharinen zu Wisby. Erbaut bald nach 1233.

im dreizehnten Jahrhundert erreicht war, unterliegt keinem Zweifel. In den letzten Jahren dieses Jahrhunderts, sicher mit dem folgenden, beginnt der Niedergang der Stadt.

Deutsche als Bewohner Gotlands und Wisbys kann man für die Mitte der Regierungszeit Heinrichs des Löwen, bald nach Beginn der zweiten Hälfte des zwölften Jahrhunderts, nachweisen; für ihren Verkehr dorthin sind die Zeugnisse älter, auch die urkundlichen. Sie erscheinen als eine geschlossene Gemeinde, die nach eigenem Rechte lebt. In den ersten Jahrzehnten des dreizehnten Jahrhunderts lassen sich auch Deutsche nachweisen, die als Bürger der Stadt Wisby mit den Goten unter gleichem Rechte vereinigt sind, ihre Nationalität aber bewahrt haben. Der Rat der Stadt setzt sich aus „Leuten von beiden Zungen" zusammen; neben dem gotischen gibt es einen deutschen Vogt, und die Stadt siegelt zugleich mit der Lilie als dem deutschen und dem Lamm mit der Siegesfahne als dem gotischen Emblem. Deutsche und Goten sind als Bürger Wisbys gleichberechtigt.

Aus alter skandinavischer Überlieferung war den Goten der Weg nach den gegenüberliegenden Meerbusen, dem Rigaischen und dem Finnischen, und nach den in diese sich ergießenden Ströme vertraut. Diesen aufwärts waren einst die Waräger gezogen, um auf dem Dnjepr das Schwarze Meer und weiter Konstantinopel (Miklagard) zu erreichen.

Abb. 16. Mittelschiff und Thor von St. Katharinen zu Wisby.
(Zu Seite 20.)

Wohl noch häufiger hatten sie den Weg dorthin durch die Newa in den Ladogasee, die Wolchow hinauf zum Ilmensee und auf dessen südlichen Zufluß Lowat weiter an den Dnjepr genommen. Wo die Wolchow den Ilmensee verläßt, liegt der Normannen „Holmgardr"= Nowgorod. Dort gründete Rurik das neue russische Reich, das seinen Namen von dem schwedischen Stamm empfing, dem er und seine Brüder angehörten. Nowgorod ward bald ein gewaltiger Ort, dessen noch heute erhaltene Kirchen, gegen 50 an der Zahl, zerstreut liegen in einem weiten Gefilde, von dem die gegenwärtige Stadt einen geringen Teil ausfüllt. Handelsbeziehungen nach diesen beiden Richtungen hin blieben dauernd erhalten, und die Goten wurden ihre vornehmsten, im Laufe des elften Jahrhunderts vielleicht ihre ausschließlichen Träger. Ihren Spuren folgten die Deutschen. Noch im zwölften Jahrhundert sind sie in Nowgorod nachweisbar; im Jahre 1229 schließen sie einen Handelsvertrag mit den russischen Teilfürsten von Smolensk am Dnjepr, Polozk und Witebsk an der Düna.

Und zwar ist es nun die in Wisby ansässige deutsche Genossenschaft, die in führender Stellung hervortritt, es sind nicht die mit den Goten zur Stadtgemeinde Wisby verschmolzenen Deutschen. Sie bestimmte die Ordnung des „Peterhofes", den die Deutschen in Nowgorod neben der Peterskirche bald ihr eigen nennen, die sogenannte „Skra" von Nowgorod. Dort überschüssige Gelder sollten nach Wisby gebracht und in der Marienkirche aufbewahrt werden. Deutlich wird erkennbar, daß in dieser deutschen Genossenschaft eine Gliederung bestand. Vier Alterleute, nämlich der der Deutschen auf Gotland (hier ist an die mit den Goten zu einer Gemeinde verschmolzenen zu denken), der von Lübeck, der von Soest, der von Dortmund sollten die Schlüssel zu der Kiste haben, in der das Geld des Nowgoroder Hofes in Wisby bewahrt wurde. Wenn weiter berichtet wird, daß Lübeck auf Ansuchen Salzwedels seinen Altermann auf Gotland anweist, die Bürger von Salzwedel in die „Bank und Genossenschaft" der Lübecker aufzunehmen, so wird auch ersichtlich, daß die Genossenschaft einer Oberaufsicht bezw. Oberleitung der heimischen Städte unterstand. Aus dem erwähnten Vertrage mit Smolensk, Polozk und Witebsk erfahren wir auch näheres über die Zusammensetzung der Genossenschaft. Es schließen den Vertrag drei „Bürger von den gotischen Ufern", d. h. Angehörige des deutschen Teiles der Stadtgemeinde Wisby, zwei Kaufleute aus Lübeck, einer aus Soest, zwei aus Münster, zwei aus Gröningen, zwei aus Dortmund, einer aus Bremen, drei aus Riga, also sächsische und friesische Leute und Neusiedler des Ostens. Aus weiteren Nachrichten des dreizehnten Jahrhunderts lassen sich wohl 30 oder mehr Städte von Köln und Utrecht bis hinauf nach Reval nachweisen, als durch Angehörige in der deutschen Genossenschaft auf Gotland vertreten. Diese konnte mit gutem Grunde bezeichnet werden als „Geeinigte Gotlandsfahrer des römischen Reiches". Sie führte ein eigenes Siegel, das in kleinerer und etwas veränderter Gestalt die Lilie der deutschen Stadtgemeinde Wisby wiedergibt und als „Siegel der Gotland besuchenden Deutschen" oder auch schlechthin als „Siegel aller Kaufleute" bezeichnet wird. Daß es der Stadt entlehnt war, in der man seinen Sitz hatte, entspricht einem Brauche, der in der Hanse stets herrschend geblieben ist. Der Bund hat nie ein besonderes Siegel gehabt, sondern stets nur geschrieben und geurkundet unter dem Siegel derjenigen Stadt, in der er gerade seine Beschlüsse faßte.

Übten die städtischen Ratskörper einen Einfluß auf die Genossenschaft, so doch auch umgekehrt diese auf die heimischen Gemeinden. Das belegt besonders klar ein Hergang des Jahres 1287, der zugleich zeigt, was die Genossenschaft sich zutrauen konnte. An der estländischen Küste war ein Strandraub verübt worden. Einstimmig beschlossen die Kaufleute, die „aus verschiedenen Städten und Orten Gotland zu besuchen pflegen", daß alle Städte, in deren Nähe Güter durch Schiffbruch oder Raub verloren gegangen seien, den Kauf und Verkauf dieser Güter in öffentlicher Bursprake (Verkündigung vom Rathause herab) verbieten und den Beschädigten mit Rat und Tat zur Rettung oder Wiedererlangung des Verlorenen behilflich sein sollten. Unterließe das eine Stadt, so sollten ihre Bürger nicht Eideshelfer sein können für einen wegen derartiger Güter angeklagten Mitbürger, und zwei Zeugen sollten genügen, um einen solchen Angeklagten

Abb. 17. St. Laurentius (Lars) zu Wisby. (Zu Seite 20.)

zu überführen. Auch sollte eine solche Stadt die dem Überführten auferlegte Buße von 20 Mark rein Silber (entsprechend ungefähr dem Silberwert von 1200 Reichsmark) nicht einziehen dürfen, sondern sie der Genossenschaft überlassen. Städte, die sich diesen Anordnungen nicht fügen, wurden mit Ausschließung aus der Genossenschaft bedroht an allen Orten und auf allen Wegen, es sei denn, daß sie ihr Unrecht wieder gut machten. Gegen Reval ward sogleich in dieser Weise vorgegangen.

Diese letzte Bestimmung zeigt fast noch deutlicher als die schon angezogenen Verträge, daß der Wirkungskreis und Machtbereich dieser „Gotland besuchenden Kaufleute" keineswegs auf die Insel beschränkt war. Das tritt noch klarer in die Erscheinung, wenn man gewahr wird, welche Rolle die Genossenschaft im Gebiete der Nordsee spielt.

Für weitere Kreise deutschen Verkehrslebens kamen hier besonders England und Flandern in Betracht.

Die altüberlieferten Beziehungen zu England hatten im Laufe des elften und zwölften Jahrhunderts mancherlei Förderung und Erweiterung erfahren, wie es schon die sich entwickelnde Kultur beider Länder mit sich brachte. Die Beziehungen, die Heinrich der Löwe zur englischen Herrscherfamilie knüpfte, dann die Einmischung der englischen Politik in die deutschen Reichsangelegenheiten unter Richard Löwenherz und Johann ohne Land, die Kandidatur des Welfen Otto IV. für Königs- und Kaiserwürde sind nicht ohne Bedeutung geblieben. Die rheinischen Gebiete hatten fortdauernd im englischen Verkehr den Vortritt gehabt, und sie gruppierten sich mehr und mehr um Köln, je glänzender diese Metropole deutschen Landes emporstieg. Die Haltung dieser Stadt und ihres Erzbischofs in den berührten Reichsfragen wurde nicht zuletzt bestimmt von den Handelsinteressen, die man jenseit des Kanals zu vertreten hatte. Die Kölner erwarben noch im zwölften Jahrhundert in London ein eigenes Haus, Gildhalle genannt. Sie allein von den Deutschen erhielten das Recht, dort eine eigene Genossenschaft, eine „Hanse" zu bilden, womit dann das Wort in den Kreis des deutschen Verkehrslebens eingeführt ist. Sie gestatteten Angehörigen anderer Städte, besonders den Westfalen, den Zutritt gegen ein Eintrittsgeld. (Abb. 24.)

Mit dem dreizehnten Jahrhundert gewinnen diese Dinge eine andere Gestalt. Im Jahre 1226 wird Lübeck als erste Ostseestadt genannt, die am englischen Handel beteiligt ist. Es geschieht in der Urkunde, durch die Kaiser Friedrich II. von Italien her die Reichsfreiheit der Stadt bestätigte. Es wird in ihr gesagt, daß die nach England reisenden Bürger Lübecks befreit sein sollten von „jenem schlechten Mißbrauche und der Belastung mit Abgaben", welche die Kölner, Tieler und ihre Bundesgenossen gegen sie erfunden haben; sie sollen gleiches Recht und gleiche Bedingungen genießen mit diesen.

Wir erfahren nicht, was der Grund der Mißstimmung der Rheinischen gegen die Lübecker gewesen sei; aber das Mutmaßliche liegt nicht allzu fern. Wir haben gesehen, welchen Anteil die westlichen Niederdeutschen an den Anfängen des Ostseehandels nahmen. Aller Wahrscheinlichkeit nach waren die Waren, die sie über Gotland aus den russischen Gebieten herbeiführten, unter denen so kostbare und gesuchte Artikel wie Pelzwerk und Wachs den Hauptteil ausmachten, nicht ausschließlich für ihren eigenen Gebrauch bestimmt, sondern wanderten zum nicht geringen Teil nach England weiter. Englisches Tuch mochte auch gerade durch sie seinen Weg nach dem fernen Osten finden; von irgend welchem direkten englischen Verkehr dorthin fehlt aus dieser Zeit jede Spur. In diesem Betriebe erwuchs aber ihnen durch Lübecks Eintritt in den Handel eine kaum zu überwindende Konkurrenz. Lübecks älteste Bewohner sind, soweit wir wissen, zum großen, wahrscheinlich zum überwiegenden Teil aus westfälischen Gebieten gekommen, hatten die Kenntnis dieses Betriebes also mitgebracht und konnten ihm jetzt von einem viel günstiger gelegenen Platze aus obliegen. Daß es sich um diese Verschiebung handelt, wird bestätigt durch die Tatsache, daß neben Lübeck, und mit ihm verbunden, alsbald auch Hamburg auftritt. Für den Warenverkehr zwischen Nord- und Ostsee hat der Handelsweg über Lübeck und Hamburg im ganzen Mittelalter eine große, ja die Hauptrolle gespielt. Im November 1266 erhielten die Hamburger, zu Anfang des nächsten Jahres auch die Lübecker von Heinrich III. das Recht zur Gründung einer eigenen Hanse in London, „in derselben Weise, wie die Kölner sie haben und gehabt haben". Auch sie konnten jetzt Angehörige anderer Städte gegen einen Geldbeitrag in ihre „Hanse" aufnehmen. Bald darauf ist aus der Gildhalle der Kölner in London eine „Gildhalle der Deutschen" (auch „der nach England kommenden Deutschen Alemanniens", mit welchem Namen Deutschland nach französischem Sprachgebrauch im damaligen England nicht selten benannt wird) geworden. Der Gegensatz verliert sich, wenn er auch durch die Verschiedenheit der Interessen in der weiteren Entwickelung noch gelegentlich wieder zu Tage getreten ist.

Daß es sich in diesen Zwistigkeiten um das Aufkommen einer neuen Handelsverbindung handelt, wird nun vor allen Dingen auch dadurch belegt, daß die deutsche Genossenschaft auf Gotland am Handel nach England beteiligt ist. Die „Kaufleute von Gotland" erwerben 1237 von Heinrich III. Handels- und Zollfreiheit im englischen Reiche. Daß in diesem Privileg nicht eigentliche Gotländer oder die Bürger von Wisby gemeint sind, beweist der Aufbewahrungsort der Urkunde, die Lübecker „Trese" (so heißt nach altem, auch in Bremen noch erhaltenem Brauche das Urkundenarchiv, in dem beide Städte bezw. Staaten noch heute ihre Staatsverträge bewahren). Diese gotländische deutsche Genossenschaft erkennen wir als eine solche, die zugleich im äußersten Osten und Westen Handel treibt, deren Mitglieder, Bürger der verschiedensten Städte vom Rhein bis zum Finnischen Meerbusen, an allen größeren Verkehrsplätzen zu finden sind und gemeinsame Rechte und Interessen vertreten. In einem Schreiben, das wahrscheinlich dem letzten Viertel des dreizehnten Jahrhunderts angehört, jedenfalls nicht später zu setzen ist, danken die overijsselschen Städte Kampen und Zwolle, Untertanen des Bischofs von Utrecht, den Lübeckern für ihre Bemühungen, das „alte Recht" wiederherzustellen, nach welchem die Friesen und die Flanderer nicht in die Ostsee nach Gotland, die Gotländer (hier sind die eigentlichen Insulaner gemeint) nicht in die Nordsee fahren dürfen, und bitten zugleich, auch den Engländern die Ostsee gänzlich zu verschließen. Offenbar handelt es sich darum, den Verkehr zwischen beiden Meeren, den Vertrieb der Waren von Osten nach Westen und umgekehrt, den Angehörigen der Genossenschaft und der in ihr vertretenen und durch sie vereinigten Städte zu bewahren.

Aber nicht nur in England, auch in dem bald noch weit wichtigeren Flandern spielt bei der Entwickelung der neuen Verhältnisse die Genossenschaft eine bedeutsame Rolle.

In keiner Landschaft diesseit der Alpen hat das wirtschaftliche Leben so rasch und bestimmt höher entwickelte Formen angenommen wie in dieser Grafschaft, die politisch zu Frankreich gehörte, ihre deutsche Art und Sprache aber während des ganzen Mittelalters und seitdem unerschüttert bewahrte. Schon im Laufe des elften Jahrhunderts hatte die Rodung des Landes dort solche Fortschritte gemacht, daß eine Art Übervölkerung eintrat, die zusammen mit schweren Landeskalamitäten Anlaß wurde zu starker und anhaltender Auswanderung. Daneben entwickelte sich rasch eine blühende Industrie, besonders Weberei, vor allem in Gent, dann in Ypern (Abb. 26), Poperingen, Tourcoing (Trituren) und zahlreichen anderen Plätzen. Brügge (Abb. 25 u. 27) ward der Markt des Landes. Es hatte seinen Hafen an einer Stelle, über die heute der Pflug und weidende Rinder gehen, genau da, wo jetzt das Königreich der Niederlande jenseit der Wester-Schelde sich von Belgien scheidet, die alte Grenze zwischen Friesen und Franken, die das Volksepos im Wulpensande der Gudrun als Kampfstätte kennt. Unter dem Namen Swin oder Sinkfal war diese Einfahrt im dreizehnten und vierzehnten Jahrhundert einer der belebtesten, vielleicht der belebteste Hafen des außeritalienischen Europa. Brügge ward besucht von so ziemlich allen Nationen,

Abb. 18. Galgen bei Wisby auf Gotland. Von Süden gesehen mit Blick auf die Ostsee.
(Zu Seite 20.)

die am Handel des Abendlandes teil hatten, Basken, Portugiesen und Katalanen, Genuesen, Florentinern und Lombarden, Engländern, Franzosen und Deutschen. Die Erzeugnisse der Mittelmeerländer, und was deren Bewohner aus dem fernen Orient herbeiführten, wurden hier ausgetauscht gegen die Produkte des Nordens und Ostens; hier vor allem erwarb man die kostbaren Tuche der flandrischen Webereien. Von Deutschen waren zunächst wieder die Rheinländer vertreten, durch die, abgesehen vom Handel mit den eigenen Waren, ein Teil der Beziehungen zwischen Flandern und Ober-Italien vermittelt wurde. Neben ihnen erscheinen aber gegen die Mitte des dreizehnten Jahrhunderts Angehörige der Städte, die im Ostseehandel emporkamen. Die Art, wie sie sich den Weg dorthin bahnen, ist bezeichnend für den damaligen Betrieb der Schiffahrt. Sie erlangen eine Reihe von Privilegien vom Grafen von Holland und vom Bischofe von Utrecht, durch die die Zollverhältnisse in den Gebieten dieser Herren geregelt werden.

Abb. 19. Westfassade von St. Nikolai zu Wisby. Um 1230 erbaut. (Zu Seite 20.)

Die „Binnenfahrt" überwog durchaus die „Außenreise" durch die „wilde See". Durch das Gewirre von Flußläufen und Wasserarmen, die die Südersee mit der Scheldemündung in Verbindung setzen, tastete man gleichsam seinen Weg nach dem beherrschenden Handelsemporium. Was Brügge im Mittelalter war, das bezeugen noch heute seine kirchlichen und profanen Bauten und der weite Umfang seiner Wälle, von denen umschlossen die gegenwärtige Stadt nur einen mäßigen Teil des verfügbaren Raumes ausfüllt. Die deutschen Kaufleute gelangten 1252 zu einer vertragsmäßigen Grundlage für ihre Beziehungen zu Brügge und Flandern. Zum erstenmal werden als Unterhändler städtische Ratsherren mit Namen genannt: Hermann Hoyer von Lübeck und Jordan von Boizenburg von Hamburg. Sie vertreten aber nicht nur diese beiden Städte, sondern die Gesamtheit der „Kaufleute des römischen Reiches". Eigentümlich genug, daß dieser Name eine einigende Bedeutung gewinnt für Angehörige der verschiedenartigsten Stämme und Gegenden in dem Augenblicke, wo die Sache, die er bezeichnete, im Zusammenbruch begriffen war, und es einen römischen Kaiser auf Menschenalter nicht mehr geben sollte.

Abb. 20. Ruinen von St. Nikolai zu Wisby.
(Zu Seite 20.)

Die Unterhändler vertraten aber außer der Gesamtheit noch drei besondere Gruppen: die Kaufleute der rheinisch-westfälischen Städte (Köln, Dortmund, Soest, Münster), die Bürger von Lübeck und die Gotland besuchenden Kaufleute. Die deutschen Kaufleute erschienen zum erstenmal als eine einheitliche, geschlossene Gemeinschaft. Aber in dieser Gemeinschaft bilden die im gotländischen Geschäft Geeinigten eine selbständige Gruppe, die den führenden Städten Lübeck und Köln an die Seite gestellt wird. Auch hier tritt die Bedeutung, welche die gotländische Genossenschaft für den Zusammenschluß der Kaufleute und ihrer Heimatstädte beanspruchen darf, wieder deutlich hervor. Die Geburtsstätte des kaufmännischen Städtebundes, der sich dann später Hanse nannte, liegt in der Ostsee, in den Handelsbeziehungen, die sich auf dem neuerschlossenen Meere und von dem gewonnenen kolonialen Boden aus eröffneten.

* *

Die Einheit des Ganzen mußte an Festigkeit gewinnen, wenn der Einfluß, den die reine Kaufmannsverbindung übte, einer der ohnehin schon führenden Städte zuwuchs. Und das ist geschehen mit Lübeck.

Das rasche Emporkommen dieser Stadt erinnert an Hergänge, wie man sie in der Neuzeit zu beobachten gelernt hat. In dem Jahrhundert, das zwischen Heinrich dem Löwen und Rudolf von Habsburg liegt, ist Lübeck herausgewachsen so ziemlich zu der Größe und wahrscheinlich auch der Einwohnerzahl, in der es noch vor wenigen Jahrzehnten zwischen Trave und Wakenitz, Millern- und Burgtor beschlossen lag. Es genoß zunächst die Gunst seiner für die neuerwachsenen Aufgaben unvergleichlichen Lage. Am innersten Winkel der Ostsee, nicht halb so weit von der Elbe und den Lüneburger Salzwerken als die Kieler Bucht, in viel leichterer Verbindung mit Binnendeutschland und dem Rhein, dann an einem schiffbaren Strom gelegen, der den Ansprüchen der Zeit an Fahrbarkeit vollauf genügte, vortrefflich gedeckt und geschützt gegen feindlichen Angriff: so bildete es eine sichere Stätte, an der die Fäden der westdeutsch-baltischen Handelsverbindungen bald naturgemäß zusammenlaufen mußten. Herzog Heinrich hat Lübeck gefördert, wie er nur konnte. Es war sein Stolz und sein Vorteil, die Stadt und ihren Handel aufblühen zu sehen. Alle von ihm getroffenen Einrichtungen, die Rechte, die er ihren Bewohnern in seinem Herzogtume verlieh, und die er

Abb. 21. Gotisches Haus zu Wisby aus der Hansezeit.
(Zu Seite 20.)

Abb. 22. Haus zu Wisby aus der Hansezeit. Neuerdings zeitweilig Apotheke und unter diesem Namen bekannt.
(Zu Seite 29.)

ihnen darüber hinaus verschaffte, hatten dies eine Ziel im Auge. Die sich bildende Bürgerschaft fand im Handel den Nerv ihres Lebens. Als die Macht des Löwen zusammenbrach, kam die Stadt unmittelbar unter den Kaiser „wegen des Vorteils ihrer Einkünfte und weil sie an der Grenze des Reiches gelegen war". Die sich vollziehende Germanisierung und Christianisierung der Ostsee förderten Lübeck mächtig. Nicht nur die Handels-, auch die Kreuzfahrten, die so zahlreich nach Preußen und Livland hinübergingen, nahmen ihren Ausgang zu allermeist von der Trave. Die Bürger beteiligten sich an ihnen nicht nur als Händler und Schiffer, sondern auch als Krieger. „Durch das Blut eurer Väter und Brüder, eurer Söhne und Freunde," schrieb 1261 der Vizemeister der Deutschordensbrüder in Livland an Lübeck, „ist das Feld des Glaubens in diesen Landen wie ein auserwählter Garten oft benetzt worden," und 1274 der Bischof von Dorpat: „Durch die Mühen, die Schätze und das Blut der Kaufleute ist die junge Kirche in Livland und Estland zur Erkenntnis ihres Schöpfers unter göttlicher

Gnade erstmals geführt worden." „Wir müssen zusammenhalten wie die zwei Arme eines Kreuzes," schrieb Reval ebenfalls 1274 an Lübeck.

Die Äußerungen belegen, welches Ansehen die Travestadt am jenseitigen Gestade des baltischen Meeres genoß. Es ist noch besonders gefördert worden durch die Verbreitung des lübischen Rechts. Kein anderes hat so umfassende Geltung gewonnen. Es hat, wie es von Heinrich dem Löwen nach westfälischem (Soester) Muster gegeben und von den Bürgern weiter entwickelt worden war, das städtische Leben der der See naheliegenden Kolonisationsgebiete ganz überwiegend beherrscht. Mit seiner Verbreitung gewann Lübeck immer neue Stützen seines Einflusses. Seine Lage mußte ihm im Ostseehandel ein unwiderstehliches Übergewicht geben, einmal über die westlichen Binnenstädte, dann aber auch, besonders mit der Vervollkommnung der Schiffahrt, über den Zwischenplatz Wisby und die dortige deutsche Genossenschaft. 1280 tat es sich noch mit dieser für zehn Jahre zusammen zu gemeinsamer Befriedung der Ostsee von der Trave und dem Sunde bis nach Nowgorod, ein Bündnis, dem zwei Jahre später auch Riga beitrat, und das deutlich zeigt, wer sich als baltische Vormacht fühlte. Aber bald wird das Streben erkennbar, Lübeck an die Stelle Wisbys und der Genossenschaft zu setzen. Man versuchte, lübische Rechtssätze in die Nowgoroder Skra zu bringen, auch einen Artikel, der die Appellation vom dortigen Hofe nach Lübeck statt nach Wisby anordnete. Der Artikel ward aus der Skra wieder gelöscht; Wisby protestierte, klagte, Lübeck wolle das alte, von allen Kaufleuten aufgerichtete Recht der Gotlands- und Nowgorodfahrer aufheben. Aber 1293 beschlossen zu Rostock Kaufleute sächsischer und wendischer (d. h. für diese Zeit mecklenburgisch-pommerscher) Orte, daß fortan von Nowgorod nur nach Lübeck appelliert werden solle, und fanden für diesen Beschluß die Zustimmung der großen Mehrzahl der Städte selbst. Von nicht weniger als vierundzwanzig Städten sind uns entsprechende Erklärungen erhalten, von nur zweien widersprechende Äußerungen. Sechs Jahre später beschlossen in Lübeck Ratssendeboten der „Seestädte" (civitates maritimae, so heißen speziell die dann auch wendische oder slavische Städte genannten engeren Genossen Lübecks: Hamburg, Lüneburg, Wismar, Rostock, Stralsund und Lübeck selbst) zusammen mit Vertretern westfälischer Städte, daß fortan auf Gotland kein Siegel des „gemeinen Kaufmanns" mehr gehalten werden solle, denn „es könne damit besiegelt werden, was den andern Städten nicht gefalle". An die Stelle der Kaufleute treten die Städte selbst; aus der Vereinigung einzelner Bürger entwickelt sich ein Zusammenschließen ihrer Heimatgemeinden. Die Hanse ist fertig, wenn sie auch noch nicht mit diesem Namen bezeichnet wird. Daß der Ausdruck „der gemeine Kaufmann" (communis mercator = gemeinsamer, geeinigter Kaufmann) noch lange die gebräuchlichste Benennung für den Bund blieb, beleuchtet seinen Ursprung deutlich genug.

Unverkennbar ist, daß der Schwerpunkt dieser Entwickelung im Auftreten des Deutschen im Auslande liegt. Hier war zuerst das Bedürfnis des Aneinanderschließens empfunden worden. Hier fanden sich zusammen, die daheim verschiedenen Stämmen, verschiedenen Rechten angehörten. Und hier ist stets der Schwerpunkt hansischer Bundestätigkeit geblieben. Vertretung des Deutschen, in erster Linie des deutschen Kaufmanns und Schiffers im Auslande ist als der Kern ihrer Aufgabe von Anfang an und durch den Lauf der Jahrhunderte angesehen worden. Und hier liegt vor allem das Verdienst um die Entwickelung deutschen Lebens, das ihr die Geschichte zuzuerkennen hat.

Und da ist auf zwei Bezeichnungen hinzuweisen, durch welche die Gemeinsamkeit zunächst und zum Teil dauernd ihren Ausdruck gefunden hat. Der im Auslande geeinigte Kaufmann heißt der deutsche Kaufmann, der Kaufmann des Kaisers, des römischen Reiches. Daß die kaiserliche Politik nicht für ihn eingetreten ist, daß sie ihre Augen auf ganz andere Dinge richtete, wurde erwähnt. Kaiser Lothar hat seine Sachsen auf Gotland, Friedrich Barbarossa vielleicht die Untertanen des Reiches in England vertreten; das sind die einzigen bekannten Fälle, die aus der Regel herausschlagen. Wenn

Abb. 23. S. Maria Teutonicorum zu Wisby. 1225 geweiht, mit jüngeren Umbauten. Jetzt Hauptkirche.
(Zu Seite 20.)

trotzdem dem Auslande die Deutschen als „Leute des Kaisers", des „römischen Reiches" erscheinen, wenn sie sich selbst so bezeichnen, so wird deutlich, was das umschließende Band bildet. Mochte die Politik des Reiches diese Tätigkeit unbeachtet lassen; daß es bestand, daß es in der europäischen Welt ein mächtiger Faktor war, durch Jahrhunderte eine beherrschende Stellung einnahm, machte seine Wirkung geltend. Die Ausbreitung der Deutschen über fremden Boden, die sich im zwölften und dreizehnten Jahrhundert vollzieht, ist zwar nicht erfolgt im Namen und unter der Führung des Reiches; aber die lokalen und territorialen Kräfte, die sie vollzogen, sind doch nicht zuletzt getragen worden von dem Machtgedanken, mit dem der Name des Reiches sie erfüllte.

Und wie kam es nun, daß Sachsen, Franken, vereinzelt auch Friesen, dort draußen sich zusammenfanden als Deutsche? Die Beziehung aufs Reich ist rasch geschwunden, der Name deutsch ist der Hanse dauernd geblieben, noch umfassender und länger als jener des „gemeinen Kaufmanns". Die Hanse hat sich immer als „deutsche" (dudesche) Hanse bezeichnet, wie ja auch die Eidgenossenschaft bis in die neuere Zeit die „deutsche" geblieben ist. Dieser Name für die Gesamtheit unseres Volkes hat sich bekanntlich aber erst seit der zweiten Hälfte des zehnten Jahrhunderts und zunächst sehr langsam verbreitet. Zuerst und zumeist ist er gebraucht worden in den Beziehungen zu Italien, zur Unterscheidung von dessen Bewohnern, die zu beherrschen das vornehmste Ziel der deutschen Kaiserpolitik war. Um sie geschart, in der Teilnahme an ihr haben die Stämme sich zusammengefunden und die überlieferten Namen dem Fremden gegenüber zurücktreten oder ganz fallen lassen. Und das ist auch geschehen in den Gebieten, die sich vom Reiche gelöst oder wenigstens eine starke Neigung dazu gehabt haben, wie bei der Eidgenossenschaft und Hanse, auch bei den Niederländern (Nederduitsch) und sonst. Auch hier erkennt man wieder, wie der Einheitsgedanke begründet und festgelegt worden ist durch das Reich und seine mit der Kaiserpolitik unzertrennlich verknüpfte Machtstellung. Die Hanse ist zwar nicht unmittelbar gefördert von Kaiser und Reich, ihre Entstehung aber ohne diese gar nicht denkbar.

Anders waren die Dienste, die das Landesfürstentum der neuen Bildung leistete. Die Ausbreitung städtischen Wesens in der zweiten Hälfte des zwölften und im Laufe des dreizehnten Jahrhunderts ist ganz überwiegend landesfürstlicher Initiative zuzuschreiben. Vor allen anderen Herren hat Heinrich der Löwe sich direkt die größten Verdienste um Erweiterung der Handelsbeziehungen und um Förderung bürgerlichen Erwerbslebens erworben. Als man sich nicht mehr auf eine mächtige sächsische Herzogsgewalt stützen konnte, hat man im Auslande und sonst vielfach durch Fürsprache und Empfehlung von Territorialherren, deren Gunst natürlich nicht umsonst erworben wurde, vorwärts zu kommen gesucht. Köln verdankt manches seinen Erzbischöfen. Aber mit der zweiten Hälfte des dreizehnten Jahrhunderts beginnen die Städte, sich auf die eigenen Füße zu stellen, wenn sie auch die Krücken, deren sie sich bisher bedient hatten, noch nicht völlig außer Gebrauch setzten. Der sogenannte Rheinische Städtebund von 1254, der sich in der Zeit eines völligen Daniederliegens der Königsgewalt die Aufgabe stellte, die Interessen des Bürgertums zu wahren, ist gleichsam der Ausgangspunkt einer besonderen städtischen Politik im Reiche. Er hat auch in den Kreisen, aus denen die Hanse erwuchs, Anhang und Teilnahme gefunden. Man gewöhnte sich daran, die eigenen Angelegenheiten selbst durchzufechten, und in dem Kampfe Aller gegen Alle, der sich aus dem Zusammenbruch der Königsgewalt ergab, Stellung zu nehmen ausschließlich nach Maßgabe der eigenen Bedürfnisse. Bevölkerung, Wohlstand, Macht waren gewachsen, die Vorkehrungen für kriegerische Sicherung meistens verstärkt und verbessert, vor allem aber war die Bewegungsfreiheit erheblich vermehrt, indem ein landesherrliches Recht nach dem andern in den Besitz der Stadtleitungen selbst, der Ratskollegien, gekommen war. Die meisten von ihnen, besonders die größeren, waren dahin gelangt, daß sie die Gerichtsbarkeit selbst übten, nicht nur ihren Markt, sondern auch die Münze und andere Geldquellen verwalteten, den Vogt ernannten und die Unterstellung unter den Landesherren, der in den Reichsstädten der König selber war, nur noch durch eine Abgabe zum Ausdruck brachten. Ums Jahr 1300, als es in Deutschland ein Reich nur noch dem

Abb. 24. Der Stahlhof zu London. Nach Lappenberg.
(Zu Seite 24.)

Namen nach gab, standen die norddeutschen Städte bereit, auf heimischem wie fremdem Boden ihre Angelegenheiten selbst zu vertreten. Es sollten für sie Jahrhunderte des Blühens und Gedeihens kommen.

Wenn der Zusammenschluß deutscher Kaufleute im Auslande hervorgehoben werden konnte als bedeutungsvoll für die Vereinigung der Städte selbst, so darf doch nicht übersehen werden, daß diese gleichzeitig in binnendeutschen Angelegenheiten Anlaß fanden, in kleineren oder größeren Gruppen zusammenzutreten. Je schwieriger der geschwächten Königsgewalt die Aufrechterhaltung des öffentlichen Friedens, des „Landfriedens", wurde, desto mehr mußten territoriale Gewalten für diesen eintreten. Unter ihnen aber war keine, die seiner so sehr bedurft hätte, als die Städte. Die Neigung der Zeit zum Gebrauch der Waffen machte einen leistungsfähigen Schutz unentbehrlich. So sehen wir Städte Bündnisse schließen zur Deckung der von ihnen benutzten Straßen. Der Rheinische Bund selbst hatte ja besonders diesen Zweck. Auch andere Verhältnisse legten den Gedanken der Regelung durch Vertrag oder Einigung nahe genug: Ausgleichung der Rechtsverhältnisse, gleichmäßiges Vorgehen in Erb- und Schuldsachen, in der Behandlung von Verbrechern, in Münz-, Markt-, Handels- und Gewerbsfragen, und was dergleichen mehr war. Naturgemäß waren es besonders Nachbarstädte, mehr oder weniger landschaftlich gegliedert, die zu solchen Vereinbarungen zusammentraten, die westfälischen, märkischen, die welfischen, pommerschen, die Harzstädte. Eine durchgreifende Bedeutung der Territorialzugehörigkeit läßt sich, abgesehen von der Mark Brandenburg, in dieser Zeit aber noch nicht erkennen.

Von ganz besonderer Bedeutung für die weitere Entwickelung ist der Bund der „wendischen" oder „slavischen" Städte („Seestädte") geworden, zu denen außer den sechs genannten Orten gelegentlich noch Greifswald, Anklam und Demmin gezählt werden. Ihre Tagungen und Beschlüsse, zuerst nachweisbar zu Wismar im Jahre 1256, sind mit Recht als der Anfang hansischer Bundestätigkeit angesehen worden. Ihre Lage

(„Seestädte"!) und ihre Bedeutung für den Ostseehandel, mit dessen Sicherung sich ihre Verhandlungen nicht zuletzt beschäftigten, verlieh ihnen diese Wichtigkeit. Mehr als ihre Vereinigung hat man früher bei der Frage nach dem Ursprung der Hanse das 1241 zwischen Hamburg und Lübeck zur Befriedung der Straße von der Trave nach der Elbe geschlossene Bündnis in den Vordergrund gerückt. Es ist nicht die einzige Vereinbarung, die zwischen diesen beiden Städten getroffen worden ist. Sie waren durch den auf ihrem Zusammenwirken beruhenden Handel von der Ost- zur Westsee mehr aufeinander angewiesen, als wohl irgend zwei andere Städte in der ganzen Hanse, und ihre Beziehungen dürfen daher eine besondere Bedeutung beanspruchen. Aber das Jahr jenes Straßenschutz-Vertrages als Gründungsjahr der Hanse zu bezeichnen, ist doch bloße Willkür. Ein solches Jahr läßt sich überhaupt nicht angeben, und eine eigentliche Gründung, von der man z. B. bei der Eidgenossenschaft allenfalls sprechen kann, ist überall nicht erfolgt. Die Bundestätigkeit entwickelt sich ganz allmählich und so gut wie völlig regellos, hervorgerufen durch das Erfordernis der auswärtigen Beziehungen.

Eine schwere Krisis hat die Entwickelung in ihren ersten Anfängen zu bestehen gehabt. Es wurde zeitweise in Frage gestellt, ob die Deutschen wirklich Herren an und auf der Ostsee werden sollten.

Der Sturz Heinrichs des Löwen, den man vom Standpunkte der Reichseinheit aus als einen erfreulichen Erfolg Friedrich Barbarossas zu begrüßen pflegt, hat in seiner un-

Abb. 25. Stadthaus mit Turm auf dem Großen Markt zu Brügge.
Der Turmbau wurde 1282 begonnen, 1396 vollendet. (Zu Seite 25.)

Abb. 26. Die Tuchhalle zu Ypern. Vollendet im Jahre 1304. (Zu Seite 25.)

mittelbaren Wirkung zweifellos zu einer Schädigung deutscher Interessen geführt. Im Zusammenwirken mit dem Löwen hat Waldemar der Große, der den inneren Zerwürfnissen in Dänemark ein Ende machte, erfolgreich gegen die Ostseeslaven gekämpft. Als die sächsische Herzogsgewalt zerfiel und der Gegensatz zwischen Staufen und Welfen die norddeutschen Territorialherren in zwei Lager spaltete, fehlte der emporgewachsenen Nachbarmacht das Gegengewicht. Waldemars Söhne Knut VI. und Waldemar der Sieger, tatkräftige Männer gleich dem Vater, vermochten sich die gesamten Ostseelande bis zur Oder und noch Gebiete darüber hinaus untertänig zu machen. Friedrich II., der ja zuerst unter unsern Herrschern deutsche Politik allein aus italienischen Gesichtspunkten trieb, hat 1214 als Gegenkönig alles Land jenseits der Elbe und Elde, also ganz Holstein, Lauenburg, Meklenburg und Vorpommern, von Reichs wegen dem Dänenkönige überlassen. Damit war auch Lübeck, dessen Waldemar der Sieger sich schon bemächtigt hatte, weil „er wußte, daß sein Name weithin getragen werden würde, wenn er über eine solche Stadt herrsche", den Fremden preisgegeben. Durch einen verwegenen Gewaltstreich ist die Befreiung der Lande angebahnt worden. In der Nacht vom 6. zum 7. Mai 1223 nahm Graf Heinrich von Schwerin auf der kleinen Insel Lyö an der Küste von Fünen den dort jagenden dänischen König mit seinem schon gekrönten Sohne gefangen und führte sie in die Feste Dannenberg an der Jeetze, im Lüneburgischen unweit der Elbe. Waldemar wurde nur freigelassen um ein ungeheures Lösegeld und gegen das Versprechen, alle Länder diesseits der Eider, die schon von Waldemar dem Großen erworbene Insel Rügen ausgenommen, herauszugeben. Aber er ließ sich durch den Papst vom Eide lösen und rief die Entscheidung der Waffen an. Zunächst nicht ohne Glück. Aber am Maria Magdalenentage (22. Juli) des Jahres 1227 wurde er mit den auf seiner Seite kämpfenden deutschen Herren auf der Heide von Bornhöved in Holsteins Mitte von den gegen ihn Verbundenen vollständig geschlagen. Auch die Bürger von Lübeck und Hamburg hatten mitgestritten; in beiden Städten wurden Klöster errichtet zu

Ehren der Heiligen des Tages, und die lübische Stadtchronik feiert das Ereignis mit den Worten: „So wurden an dem Tage die Lande erlöst aus der Dänen Gewalt; des sie alle Gott loben und preisen und dazu die heilige Maria Magdalena."

Als Waldemar der Sieger 1241 starb, verfiel das Nachbarreich inneren Zwistigkeiten. „Mit seinem Tode," sagt einer der zeitgenössischen Annalisten, „fiel wahrlich die Krone vom Haupte der Dänen; seit seiner Zeit sind sie, inneren Kriegen und gegenseitiger Vernichtung überlassen, allen Völkern umher lächerlich geworden." Trotzdem hat zu Beginn des nächsten Jahrhunderts einer ihrer Könige, Erich Menved, versucht, die waldemarischen Eroberungen wieder zu gewinnen. Auch er konnte sich dabei auf den gleichzeitigen deutschen Herrscher stützen. Der Habsburger Albrecht bestätigte 1304 die Abtretungen Friedrichs II. vom Jahre 1214; nur Lübeck erschien ihm so wichtig, daß er es dem Reiche vorbehielt. Aber gerade diese Stadt hat sich 1307 auf zehn Jahre unter den Schutz Erich Menveds begeben. Sie glaubte, dort Zuflucht suchen zu sollen vor den heftigen Angriffen der Nachbarfürsten, besonders der holsteinischen Grafen, die nicht vergessen wollten, daß Lübeck wie Hamburg eine schauenburgische Gründung war. Der Gegensatz zwischen Städten und Fürsten, der in der deutschen Geschichte, seitdem es kein starkes Königtum mehr gab, eine so große Rolle spielte, hat auch in den niederdeutschen Verhältnissen nicht gefehlt. Wismar und Rostock wurden damals von ihren Landesherren mit Hilfe des Dänenkönigs wieder in größere Abhängigkeit zurückgezwungen. Erst vor Stralsund, das den Angriff der verbündeten Fürsten und der Dänen mit Hilfe des Markgrafen von Brandenburg 1316 glücklich abwehrte, brach sich die Bewegung. Als Erich Menved 1319 starb, hatte er aber in den nordalbingischen Gebieten eine Stellung inne, die der Waldemars des Siegers ein Jahrhundert früher nicht so ganz unähnlich war.

Sie erwies sich aber bald als weit weniger fest begründet. Mit dem Tode Erichs zerfiel sie gleichsam von selbst. Die königlichen Machtmittel waren durch seine Eroberungspolitik so erschöpft, daß selbst kräftigere Nachfolger, als er sie fand, die begonnenen Aufgaben hätten fallen lassen müssen. Unter seinem Bruder Christoph und dem Schleswiger Herzoge Waldemar, dem man zeitweilig die Krone aufs Haupt gesetzt hatte, gewannen die mächtig gewordenen Großen so sehr die Oberhand, daß die Königsmacht kaum noch etwas neben ihnen bedeutete. Von 1332 bis 1340 war der Thron überhaupt nicht besetzt. Gleichzeitig gewannen die Schweden, mehr aber noch die holsteinischen Grafen wichtige Provinzen des Reiches. Als der mächtigste der letzteren, Graf Gerhard der Große, 1340 in Randers in Jütland von dem Dänen Niels Ebbeson ermordet wurde, ward das als eine Erlösung empfunden, und die Nachwelt hat den Mörder als Befreier des Vaterlandes gefeiert. Es verging ein Menschenalter oder mehr, ohne daß Dänemark daran denken konnte, dem Wachstum deutschen Handels und deutscher Macht in der Ostsee Schranken zu setzen. Erich Menveds Erfolge hatten eine Zeit des Rückschlages gebracht, die auch über den Kreis der wendischen Städte hinaus empfunden worden war; in den Jahrzehnten nach seinem Tode setzt sich die Hanse so ziemlich in all den Verkehrsgebieten fest, die sie durch lange Zeit behauptet und denen sie ihre Blüte zu verdanken hat. In dieser Zeit hat sich auch der Name herausgebildet, der dem Bunde dauernd bleiben sollte.

## III.

In einer Urkunde des Jahres 1358, die ein zu Lübeck auf einer Versammlung der Städte beschlossenes Verkehrsverbot gegen Flandern festlegt, wird zum erstenmal der Bund als deutsche Hanse (dudesche honse) bezeichnet. Das Wort ist germanischen Ursprungs, schon im Gotischen nachweisbar, wo es Schar bedeutet. Im Angelsächsischen ist es wohl am häufigsten gebraucht worden, aber auch in deutschen Mundarten. In England tritt es auch, wie bemerkt, zuerst in Verhältnissen auf, die mit der Entwickelung des Städtebündes in Verbindung stehen. Von dort aus scheint es dann auf die ähnlichen Organisationen des deutschen Kaufmanns in anderen Ländern übertragen worden zu sein; es

Abb. 27. Ansicht von Brügge im Jahre 1468.
Miniatur einer Handschrift der Chronik Froissarts in der Stadtbibliothek zu Breslau. (Zu Seite 86.)

läßt sich um die Mitte des vierzehnten Jahrhunderts in Flandern und Schweden, in Bergen und Nowgorod nachweisen. Vom genannten Jahre an hat man es dann auch häufiger als Bezeichnung für den Bund gebraucht; aber erst im fünfzehnten Jahrhundert wird es herrschend, ohne daß es doch die Bezeichnungen „gemeiner Kaufmann", „gemeine Städte" ganz verdrängen konnte. Das Beiwort „deutsch" fehlt in der Regel nicht. Mit den einzelnen Genossenschaften der Kaufleute an auswärtigen Plätzen hat der Städtebund den Gebrauch des gleichen Namens noch längere Zeit teilen müssen, bis dann für jene die Bezeichnung „Kontor" die übliche ward. Auch sonst hat im deutschen städtischen Leben das Wort Hanse die Bedeutung einer Genossenschaft oder auch der Abgabe, die von den Mitgliedern einer solchen zu zahlen war.

Man muß auch annehmen, daß um die Mitte des vierzehnten Jahrhunderts der Bund im wesentlichen zu dem Umfange herausgewachsen war, den er dann ein Jahrhundert oder länger behauptet hat.

Es ist schlechterdings unmöglich, genau die Städte aufzuzählen, die zum Hansebunde gehört haben. Jeder Versuch in der Richtung stößt im einzelnen bald auf Schwierigkeiten. Aus dem fünfzehnten und besonders aus dem sechzehnten Jahrhundert sind zahlreiche Listen erhalten, die aber keineswegs immer miteinander übereinstimmen, und von denen, so weit sie bis jetzt zu tage gekommen sind, keine einen offiziellen Charakter beanspruchen kann. Den häufigen Aufforderungen fremder Potentaten, die sämtlichen Glieder des Bundes namhaft zu machen, ist man nie nachgekommen, ihnen vielmehr unter allerlei Vorwänden ausgewichen. Die vollständigsten Listen zählen einige 70 Städte auf, und die Ansicht, daß der Bund so viele Mitglieder zähle, ist verbreitet gewesen. In Rußland wird er nicht selten als „die 70 Städte" bezeichnet. Auch von 77, offenbar einer Zahlenspielerei, ist gelegentlich die Rede. So läßt die Chronik den König Waldemar Atterdag, den gefährlichen Feind der Hanse, den Bund verspotten als die 77 Hänse, die 77 Gänse haben. Unbedingt sicher ist aber, daß die Frage der Zugehörigkeit gleichbedeutend ist mit der Frage der Teilnahme an den Rechten des Kaufmanns im Auslande, auf den Kontoren. Und an ihnen hatten nicht nur Angehörige von Städten teil, die in keiner Liste aufgeführt und auf keinem Tage oder sonst genannt werden, sondern auch Bewohner von offenen Orten und Dörfern. Zweifellos ist das für Westfalen der Fall, wo der hausierende Handelsverkehr aus kleinen und kleinsten Orten mindestens vom zwölften Jahrhundert an nachweisbar ist und sich in gewissen Bezirken, und gerade in solchen, wo er schon in der frühesten Zeit auftritt, wie im Hochlande des kahlen Asten, bis auf den heutigen Tag erhalten hat. Auch die Bewohner des preußischen Ordenslandes scheinen sämtlich hansische Berechtigung gehabt zu haben.

Daß bei dieser Sachlage nicht die Rede davon sein kann, von jeder einzelnen Stadt Eintritts- oder Austrittsjahr oder gar beides angeben zu wollen, versteht sich von selbst, obgleich Bädekers Reisehandbücher das nicht selten vermelden. Die Geschichte weiß davon nichts, abgesehen von vereinzelten, zum Teil auch nicht über jeden Zweifel erhabenen Fällen. Die Zugehörigkeit war auch nicht ganz streng auf die deutsche Nationalität oder die Reichsuntertanenschaft beschränkt. Wie in Wisby gotische und deutsche Bürger der Hanse angehörten, so höchst wahrscheinlich auch in Kalmar und Stockholm die Schweden neben den zahlreichen deutschen Kaufleuten, die in diesen Städten zu Bürgerrecht saßen. Das polnische Krakau, dessen Ratssprache allerdings im vierzehnten und fünfzehnten Jahrhundert das Deutsche war, war eine Hansestadt. Aber auch das rein wallonische Dinant an der Maas im Bistum Lüttich war im vollen Besitz der Rechte des hansischen Kaufmanns auf dem Kontor zu London. Das Einzelne mag die folgende Aufzählung versuchen, einigermaßen klar zu legen.

Im Mittelpunkt des Bundes standen vom Beginn bis fast zum Schlusse die schon zweimal erwähnten wendischen Städte, zu deren östlichster (Stralsund) die pommerschen Nachbarorte Greifswald, Anklam, Demmin in häufigere Beziehung treten. In Holstein ist Kiel schon im dreizehnten Jahrhundert Hansestadt und jedenfalls bis zum sechzehnten geblieben. Die südwestlichste der wendischen Städte, das welfische Lüneburg, stand zugleich in näherer Verbindung mit den übrigen bedeutenderen Orten der welfischen Gebiete: Braunschweig, Hannover, Göttingen, Einbeck, Northeim, Helmstedt und Ülzen. Münden und das mainzische Duderstadt können nicht mehr als Hansestädte angesehen werden, wohl aber ist Hameln eine solche. Die genannten welfischen Ortschaften werden mit Goslar, Magdeburg und Hildesheim als die „sächsischen" Städte zusammengefaßt. Zu ihnen zählen auch, weniger häufig erwähnt, Halberstadt, Quedlinburg, Aschersleben und Halle. Dann sind Breslau und, wie bemerkt, Krakau Hansestädte. Zahlreich sind die märkischen Orte, die der Hanse angehörten: Stendal, Salzwedel, Gardelegen, Tangermünde, Seehausen, Osterburg in der Altmark, Berlin-Köln, Brandenburg (Alt- und Neustadt), Frankfurt a. O., Prenzlau, Pasewalk, Perleberg, Pritzwalk, Havelberg, Kyritz, Werben und Angermünde in der Kurmark rechts der Elbe. Im eigentlichen Pommern sind es Stettin, Stargard, Kolberg, Golnow, Stolp und Rügenwalde, dann Köslin, Belgard, Greifenberg und Treptow a. d. Rega. Im preußischen Ordensgebiete werden gleichmäßig sechs genannt: Danzig, Elbing, Thorn, Kulm, Braunsberg und Königsberg, im Gebiet des Landmeisters (Livland, Kurland, Semgallen, seit 1346 auch Estland) Riga, Reval, Dorpat, Pernau, Lemsal, Kokenhusen, Wolmar, Wenden, Fellin und Roop. Reval ist auch in seiner dänischen Zeit, ehe Estland an den Orden verkauft wurde, schon Glied der Hanse gewesen.

Eigentümlich lagen die Verhältnisse in Westfalen, und nur ganz zufällig erhaltene Nachrichten ermöglichen uns einen näheren Einblick. Fortbauernd werden hier als Hansestädte genannt Dortmund und Soest, Münster und Osnabrück, Minden, Paderborn, Herford und Lemgo; dann gehören auch Höxter, Lippstadt, Brilon, Arnsberg, Unna, Kamen, Werl, Gesete, Rüthen und Attendorn dazu, auch die münsterschen Städte Warendorf und Koesfeld. Ja die hansischen Rechte erstrecken sich hier nachweisbar auf noch geringere Orte und auf Bauerschaften, die von größeren Städten vertreten werden. So stehen im Bistum Münster unter Warendorf die Städte „up den Dren": Beckum, Ahlen, Rheine, Telgte, Werne, unter Koesfeld die Städte „up den Braem": Bocholt, Haltern, Dülmen, Borken und Breden, im Bistum Osnabrück unter dieser Stadt: Wiedenbrück, Quakenbrück, Melle, Iburg, Vörden und Fürstenau, im kurkölnischen Westfalen unter Arnsberg die Ortschaften Neheim, Eversberg, Hirschberg, Grevenstein, Balve, Allendorf und sieben „Freiheiten". Hansezugehörigkeit und hansische Berechtigungen sind hier also bis aufs flache Land ausgedehnt. Daß die Sache in Preußen, im Lande des Hochmeisters, ähnlich lag, kann gar nicht bezweifelt werden; nur daß sich hier nicht so einzelne Ortschaften namentlich nachweisen lassen.

Am Rhein gehörten der Hanse Köln (Abb. 28), Duisburg, Wesel, Emmerich, vielleicht auch Andernach an, weiter abwärts Nymwegen, Arnheim, Tiel und Saltbommel, an der Maas Roermonde und Venlo und weit südwärts, im französischen Sprachgebiet, Dinant,

Abb. 28. Stadtbild von Köln. Neben dem rechten Vordergrundspfeiler links Groß St. Martin mit seinem mächtigen Vierungsturm, rechts der im Bau befindliche Dom mit seinem Kran. Gemälde von Hans Memling im Johannishospital zu Brügge. (Legende von Ursula und den elftausend Jungfrauen.) (Zu Seite 38.)

während die dazwischen liegenden größeren Städte Lüttich und Maastricht nicht zu ihr zählen, wohl aber Herzogenbusch. An der Ijssel und in ihrer Nachbarschaft sind Kampen, Deventer, Zütfen, Zwolle, Harderwijk, Elborg, Doesborg, Doetinchem und Hasselt Hansestädte, zwischen Dollart und Südersee Gröningen, Stavoren, Sneek, Bolsward und Hindelopen, zum Teil allerdings nur zeitweise, als Glieder der Hanse nachweisbar, an der Weser noch Bremen, in dessen Erzbistum Stade und Buxtehude. Das dazwischenliegende Emden ist nie Hansestadt gewesen, und ebenso sind die Friesen der Grafschaften Holland und Seeland, also der Landschaften von der Südersee bis zur Scheldemündung oder richtiger bis zum Swin, der Einfahrt für Brügge, nie zur Hanse gezählt worden, eine für ihre Geschichte, wie noch zu zeigen sein wird, höchst bedeutungsvolle Tatsache. Die Stellung von Wisby, Kalmar und Stockholm wurde bereits gekennzeichnet.

Schon in der Zeit, von der hier zunächst die Rede ist, heben sich einzelne Städte über die übrigen empor. Lübeck ist das Haupt der wendischen Städte durch Leistungsfähigkeit und Umfang des Verkehrs; ihm zunächst stehen Stralsund und Rostock. Dann erst folgt Hamburg, das im Mittelalter nur langsam gewachsen ist und in dieser Zeit diese Rangordnung nicht hat durchbrechen können. Die Höhe der Beiträge zu gemeinsamen Leistungen läßt sie deutlich erkennen. An der Spitze der sächsischen Städte stehen Braunschweig und Magdeburg, nach ihnen Goslar und Hildesheim. Ganz isolierte Stellungen nehmen Halle, Breslau und Krakau ein; auch Bremen steht mehr gesondert für sich als irgend eine der übrigen Küstenstädte. Unter den märkischen Städten tritt keine führend hervor, auch unter den pommerschen kaum eine. Dagegen überragt Danzig seine preußischen Genossen, je weiter in der Zeit herab um so mehr, Riga nicht ganz so sehr Reval und Dorpat. In Westfalen behaupten Münster, Dortmund und Soest den ersten Platz. Köln ist die Führerin aller niederrheinischen Orte; außerdem ist nur noch Kampen als vornehmste „überseeische" Stadt in einer Art leitender Stellung.

Es ist ein ausgedehntes Gebiet, das diese Städte besetzt hielten. Daß es sich weit mehr in die Länge als in die Breite, mehr von Westen nach Osten, als von Norden nach Süden erstreckt, und daß die südlichen Gestade von Nord- und Ostsee gleichsam den Faden bilden, an dem sich der Kranz aufreiht, ist unverkennbar. Er bezeichnet zugleich die Hauptverkehrsrichtung. Größere Tiefe besitzt das Gebiet nur von der Maas bis zur Oder; rechts von letzterem Flusse war ja die Kolonisation des Binnenlandes nur noch eine sporadische. Nur in Westfalen, am Harz und an der Weser reichte es ins Gebirgsland hinein. Die norddeutsche Tiefebene ist der eigentliche Sitz der Hanse. Zu beachten ist, daß sich ihre Ausbreitung nicht mit dem deutschen Sprachgebiet deckt. Die deutschsprechenden Friesen und Flamländer sind ihr fern geblieben.

Es ist selbstverständlich, daß die Verkehrsinteressen von so zerstreut liegenden Ortschaften sehr verschiedenartig waren. Doch lassen sich gewisse Betriebe von allgemeinerer Bedeutung hervorheben.

Obenan steht da der Verkehr, der als Brennpunkte im Osten Nowgorod, im Westen Brügge hat. Er vermittelt den Warenaustausch zwischen dem weniger entwickelten, von der Natur dürftiger ausgestatteten, dünner bevölkerten, aber größere Flächen umfassenden Osten und Nordosten (Rußland, Finland-Schweden, Livland, Litauen, Preußen) mit dem reicheren, in bürgerlichen Betrieben mehr vorgeschrittenen und dichter bewohnten Westen und Süden Europas. Man findet in Darstellungen der allgemeinen Handelsgeschichte (von denen übrigens gesagt werden kann, daß es unter ihnen keine gibt, die auf diesen Namen auch nur einen Teil von

Abb. 29. Das Fittenfeld von Falsterbo. (Zu Seite 42.)

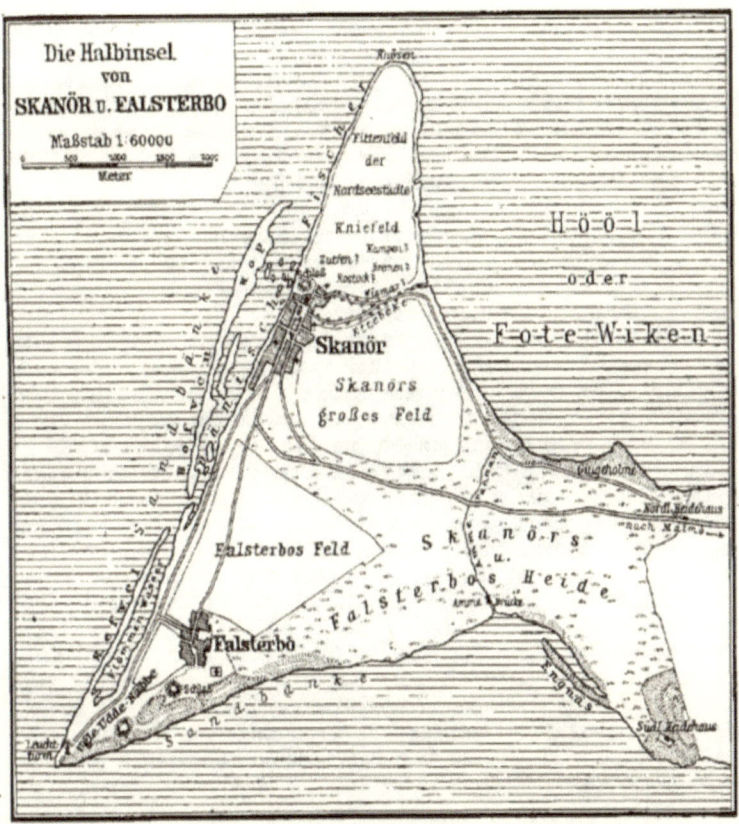

Abb. 30. Die Halbinsel von Skanör und Falsterbo. (Zu Seite 42.)

einem begründeten Anspruch hätte) in der Regel angeführt, daß auf diesem Wege im Mittelalter orientalische und indische Waren nach dem Abendlande gekommen seien. Die Normannen mögen von ihren Fahrten nach dem Kaspischen und Schwarzen Meere solche Waren heimgebracht haben; in der hansischen Handelsgeschichte spielen sie keine Rolle. Möglich, daß das Auftreten der Mongolen eine Änderung herbeigeführt hat, obgleich die Mongolenreiche sonst nicht handelsfeindlich waren; jedenfalls hat dieser Verkehr einen irgend erheblichen Umfang nie erreicht. Die Verbindungen Italiens mit dem Rhein über die Alpen und die im dreizehnten Jahrhundert beginnende direkte Seefahrt bis in den Kanal und nach Flandern haben die in Frage stehenden Produkte geliefert und zugleich die Erzeugnisse der Mittelmeerländer, besonders Südfrüchte, Öl und Seide, dem Norden zugeführt. In Brügge erwarben sie die Hansen und brachten sie ostwärts in die eigene Heimat und weiter zu den Fremden. Es kamen hinzu der Wein vom Rheine und von Frankreich, die Tuche Englands und die feineren Flanderns, Eisen- und Stahlwaren verschiedenster Art und zahlreiche andere Erzeugnisse gewerblichen Fleißes und auch künstlerischer Übung. Vom Osten her waren Wachs und Pelzwerk die ursprünglichsten und dauernd die wichtigsten und wertvollsten Handelsartikel, aber mit dem steigenden Anbau und Bevölkerungswachstum traten hinzu Flachs, Hanf und Leinsamen, besonders aus den baltischen Provinzen, Getreide und Holz aus Preußen, Eisen- und Kupfererz aus Schweden, Felle, Häute, Fett, Talg und gesalzene Flußfische aus all diesen östlichen Gebieten. Die kostbareren, im Verhältnis zu ihrem Umfange wertvolleren Artikel, die eben deshalb leichter zu befördern waren, sind wohl während des ganzen Mittelalters so gut wie ausschließlich über Trave und Elbe gegangen, in Lübeck aus-, in Hamburg wieder eingeschifft worden, beziehungsweise umgekehrt; eben deshalb wird auf die Sicherung des Weges zwischen diesen beiden Städten so großer Wert gelegt. Diese Güter waren bis tief ins dreizehnte, vielleicht bis ins vierzehnte Jahrhundert überhaupt wohl die einzigen, die zwischen dem Osten und Westen vertrieben wurden. Erst als die direkte Fahrt durch den Sund aufkam, beziehungsweise häufiger wurde, konnte man an den Austausch von Massenartikeln, wie Holz und Getreide einerseits, Salz andererseits, denken. Jene anderen Waren sind aber dauernd als „Stapelartikel" von ihnen gesondert worden. Nach hansischer Ordnung, die wohl schon dem dreizehnten Jahrhundert entstammt, sollten sie nur in Brügge erworben, beziehungsweise verkauft werden, Brügge für sie im Westen Stapel-, ausschließlicher Umschlagsplatz sein.

Es ist natürlich, daß aus diesem Verkehr, dessen Schwerpunkt in die Linie Nowgorod-Brügge fiel, von allen Städten Lübeck den größten Vorteil zog. Hier wurde daher auch später der Hof zu Nowgorod, nachdem er längst geschlossen war, als der Brunnquell hansischen Wohlstandes gepriesen, aus dem gleichsam alle anderen Kontore geflossen seien. Besonders wird gerühmt, daß dort Leute mit geringen Mitteln „zu Männern hätten gedeihen können". Nächst Lübeck sind Hamburg und die wendischen Genossen durch diesen Betrieb gefördert worden. Die im Osten gelegenen Städte haben, gestützt auf ihr Hinterland, einen mehr oder weniger ähnlichen Verkehr in größerem oder geringerem Umfange entwickeln können, vor allem Danzig, das am Ende des Mittelalters an Größe und Wohlstand hinter Lübeck wohl nicht wesentlich zurückstand. Es ward Mittelpunkt für Holz- und Getreidehandel, Riga für Flachs und Hanf. Es ist selbstverständlich, daß außer Nowgorod und den hansischen Häfen selbst auch andere Plätze besucht worden sind. Mit Pleskau wird wie mit Nowgorod gehandelt; Narwa und die Newamündung sind Ladeplätze; auch sonst am baltischen und finnischen Meerbusen und in Schweden und auf Gotland an anderen Orten als Wisby, Kalmar und Stockholm läßt sich hansischer Verkehr nachweisen. In Kauen (Kowno) am Memelstrom hatten die Danziger eine Niederlassung, die sie bis übers Mittelalter behauptet haben, die Rigenser eine solche in Polozk.

\*

Vielleicht noch wichtiger, jedenfalls lebendiger ist das Treiben gewesen, das sich an einer Stelle des Baltischen Meeres entwickelte, die heute öde und verlassen ist.

Die äußerste Südwestecke des gegenwärtigen Schwedens, des bis 1658 dänischen Schonens, erstreckt sich haken- oder richtiger hammerförmig hinein in die Gewässer des Sundes. Ihre südliche Spitze ragt weit hinaus und bildet mit den vorliegenden Untiefen das dem Ostseefahrer bekannte gefährliche Riff von Falsterbo. Auf der nördlichen Landzunge, hinter welcher der Sund die weite, seichte Bucht des Hôl, Hôlvik bildet, liegt Skanör. Beide Ortschaften bilden zusammen eine Stadt, sind aber bürftig genug und erinnern an frühere bessere Tage nur durch ihre für schonensche Verhältnisse ungewöhnlich stattlichen Gotteshäuser. Heute sind diese Orte und die ganze Halbinsel wie ausgestorben, aber vom dreizehnten, ja wohl schon vom zwölften Jahrhundert bis ins sechzehnte waren sie zu gewissen Zeiten des Jahres Schauplatz eines überaus lebhaften Treibens. (Abb. 29—31.)

Unter den Fischen, deren Verwertung die Erschließung der nordeuropäischen Meere ermöglichte, hat wohl keiner für den menschlichen Bedarf die Bedeutung des Herings erreicht. Noch heute bildet er den wertvollsten Schatz, den diese Gewässer besitzen. Zu größerem Umfange entwickelte sich sein Fang, soweit wir erkennen können, zuerst unter den Küsten der Insel Rügen. Aber er hat bekanntlich den Brauch, aus Gründen, die bis jetzt nicht haben erforscht werden können, den Aufenthalt, wenigstens das massenhafte Vorkommen, zu wechseln. Vielleicht noch im zwölften, jedenfalls aber seit Anfang des dreizehnten Jahrhunderts bevorzugte er den südlichen Sund, die Gewässer zwischen Falsterbo-Skanör und der Insel Amager. Alljährlich von den letzten Juli- bis zu den letzten Septemberwochen erschien er hier in größerer oder geringerer Menge, blieb manchmal ganz aus, trat aber gelegentlich in so staunenswerter Fülle auf, daß die überschwenglichsten Schilderungen darüber in Umlauf kamen. Die Fischer, fast ausschließlich Dänen (dem dänischen Könige stand mit dem Strande das Nutzungsrecht zu), errichteten ihre Lager zu beiden Seiten des Sundes, zu Falsterbo und Skanör als den günstiger gelegenen Plätzen allerdings zahlreicher als zu Dragör auf Amager. Die Händler folgten, das Produkt der Fischerei zu erwerben und auszuführen. Aber nicht nur das! Die belebte Stelle, die zugleich eine Art Scheide zwischen den beiden Meeren bildet, wurde auch bald ein Umschlagplatz für Waren von Ost und West und für die Erzeugnisse und Bedürf-

Abb. 31. Kirche zu Falsterbo. (Zu Seite 42.)

nisse des schonenschen Landvolks und weiterer dänischer Kreise. Die „schonenschen Märkte" (nundinae Scanenses) wurden zu einem der wichtigsten Verkehrsplätze Nordeuropas und sind das bis tief ins fünfzehnte Jahrhundert geblieben.

Daß Deutsche an diesem Verkehr rasch Anteil gewannen, ist erklärlich, zunächst natürlich die von den gegenüberliegenden Küsten. Schon Waldemar der Sieger konnte 1201 durch Gefangensetzung der bei Falsterbo und Skanör beschäftigten Lübecker Bürger und Wegnahme ihrer Schiffe einen Druck auf die Stadt ausüben, der sie zur Unterwerfung geneigt machte. Außer Lübeck finden wir hier zahlreiche Städte von der Südersee bis nach Reval vertreten, die für ihre Angehörigen sogenannte „Fitten", Plätze von größerem oder geringerem Umfange, erwarben, auf denen in „Buden" Kaufleute und Gewerbetreibende während der Fang- und Handelszeit wohnten. Die Örtlichkeiten der einzelnen Fitten lassen sich noch heute ziemlich genau bestimmen; auf dem Felde von Falsterbo hatten zumeist die Ostseestädte ihren Platz, auf dem von Skanör die aus den Nordseegebieten. Die Geschäftszeit währte von Jakobi (25. Juli) bis Michaelis (29. September) oder Dionysii (9. Oktober), und in diesen Monaten belief sich die Zahl der Besucher (Fischer, Händler, Bauern und Gewerbetreibende) nachweisbar auf Tausende. Die Erträge des Fischfangs wanderten nach allen Richtungen, besonders aber nach Deutschland bis tief in die Binnengebiete. Hierin lag ein Hauptgrund, daß die Deutschen im schonenschen Handel sehr bald eine herrschende Stellung gewannen; in der Fischerei haben sie den Einheimischen wenig Konkurrenz gemacht. Eine lange Reihe von Privilegien, die zumeist von einzelnen, nur in besonderen Fällen von verbundenen Städten erworben worden sind, sicherten Besitz und Rechte. Lübeck, Rostock und Stralsund haben sogar die höchste Gerichtsbarkeit über „Hals und Hand" erlangt. Für zahlreiche Städte ist grade der schonensche Verkehr eine reichlich fließende Quelle des Wohlstandes geworden.

\* \*

Mit ihm waren aber die Beziehungen zum Nachbarlande Dänemark nicht erschöpft. Die dortige Städteentwickelung ist im ganzen Mittelalter und lange darüber hinaus eine recht dürftige gewesen. Sie hat stattgefunden in engem Anschluß an deutsche Verhältnisse, im Süden der jütischen Halbinsel unter Anlehnung an das lübische Recht. Da hatte der hansische Kaufmann es leicht, die Vermittelung der Beziehungen zum Auslande zu übernehmen. Die deutsche Einwanderung hat wohl von Anfang an in dänischen Städtewesen eine gewisse Bedeutung gehabt. In Kopenhagen, in mehreren schonenschen Städten, wie in Malmö, Landskrone, Ystad, Trelleborg, führte sie zur Begründung deutscher Kompagnien, die sich gesondert von der übrigen Bevölkerung hielten und häufig mit Erfolg danach strebten, im Verkehr mit den Einheimischen den ansässigen Bürgern gleichgestellt zu werden. Die Bauern fanden es, besonders auf den Inseln, vielfach vorteilhafter, die Landesprodukte in ihren kleinen Schiffen nach den deutschen Städten hinüberzubringen und dort ihren Bedarf an ausländischen Waren einzutauschen, als die dürftigen Märkte des eigenen Landes aufzusuchen. Deutsche Hausierer, „Pfefferburschen", haben schon früh das Königreich durchzogen; über ihre Konkurrenz haben die dänischen Städtebewohner oft geklagt. Mit dem Wachstum der deutschen Städte steigerte sich der Viehbedarf, den gerade Dänemark zu decken besonders im stande war. Der Ochsenhandel aus Jütland und Fünen über Ripen, Kolding und Assens südwärts, vom sechzehnten Jahrhundert an schwunghaft betrieben, hat schon früh begonnen. Von Schonen und Seeland wurde Rindfleisch in großen Mengen auf die „schonenschen Märkte" gebracht. Dazu ist bald der Pferdehandel gekommen. Dänemark war reich an Fischereiplätzen auch außerhalb des Sundes; auch im Lijmfjord wurde ein ergiebiger Heringsfang betrieben, dessen Umschlagsplatz Aalborg war. Seine Ergebnisse gingen, soweit sie zur Ausfuhr kamen, durch die Hände deutscher Kaufleute. Haupteinfuhrartikel von Deutschland her waren Bier, Salz und Hopfen.

In Norwegen hat das alte Kulturgebiet der Bucht von Christiania früh in Beziehungen zu Deutschen gestanden. Oslo, dessen Erbe das von Christian IV. begründete Christiania geworden ist, und Tonsberg waren hier Hauptplätze des Verkehrs. Er ist in dieser Gegend aber nie bedeutend geworden. Die Ausfuhr umfaßte wohl wenig anderes als Felle, Häute und Fleisch, die Einfuhr Mehl und Bier. Die Heringsfischerei bei Marstrand an der jetzt schwedischen, damals norwegischen Küste von Wigen, hat im dreizehnten und wieder im sechzehnten Jahrhundert Anlaß zu nicht unerheblichem Handelsbetrieb gegeben.

Eine ganz andere Bedeutung hat aber, mindestens seit dem vierzehnten Jahrhundert, für den deutschen Handel Bergen gewonnen (Abb. 32—34). Wo die Gewässer der Nordsee in den Atlantischen Ozean übergehen, war und ist die Küste Norwegens Sitz eines Fischfangs, der seit Jahrhunderten weite Gebiete Europas mit dem in früheren Tagen noch mehr als heute beliebten und wichtigen Nahrungsmittel des getrockneten Fisches, des Stock- und Klippfisches, versorgt. Die so überaus sicher gelegene Bucht von Bergen wurde bald alleiniger Umschlagsplatz dieser Handelsware und als solcher der besuchteste Hafen Nordeuropas. Besonders früh sind von der Weser aus Beziehungen dorthin geknüpft worden. Berichtet doch die Überlieferung, daß sächsische Männer die Dietrichssage hinübergebracht hätten. Mit dem vierzehnten Jahrhundert werden die Deutschen dort die Herren des Handels. Neben die Nordseestädte, unter denen Bremen und Hamburg, Kampen, Deventer und Zwolle obenanstehen, treten Lübeck, Wismar, Rostock und Stralsund. An der Nordseite des „Waag" entsteht die „Brücke", eine lange Reihe unmittelbar am Wasser gelegener Gebäude, wie alle norwegischen Häuser aus Holz errichtet. Sie waren die Wohnstätten der deutschen Kaufleute und der mit ihnen herübergekommenen, unter ihrer Aufsicht und Oberleitung stehenden Handwerker, unter denen besonders die Schuhmacher zahlreich waren, und zugleich die Aufbewahrungsräume für die einerseits zur Ausfuhr und anderseits für den Vertrieb im Lande bestimmten Waren. Unter den letzteren standen auch hier Mehl und Bier obenan, da diese Gegend Norwegens an Getreide außerordentlich arm war und ist, die zahlreiche Fischerbevölkerung, soweit sie überhaupt Brot genoß, das ausschließlich durch Zufuhr von außen erlangen mußte. Das Geschäft des

Mahlens und Brauens ist stets in Deutschland besorgt, Getreide selbst nicht eingeführt worden. Gegenstand der Ausfuhr war ganz überwiegend der Fisch und was aus ihm bereitet wurde, daneben die Produkte des Walfangs und der Robbenschlägerei. Die Zahl der auf der „Brücke" Heimischen ist wohl zeitweise in die Tausende gegangen, und ihre Anwesenheit bildet den Zug, der dem mittelalterlichen Bergen sein beherrschendes Gepräge gibt. Mehr als irgendwo sonst im Auslande hat der Kaufmann dort das Heft in der Hand gehabt.

Der Fang des Kabeljau vollzog sich nördlich des Platzes, wo er gehandelt wurde. Es lag außerordentlich nahe, ihm nachzugehen und den Kauf an die Fischereiplätze zu verlegen, wie es ja im Sunde, bei Marstrand, im Lijmfjord und sonst geschehen ist. Dem haben sich die deutschen Kaufleute stets widersetzt, wie es auch später ihre nor-

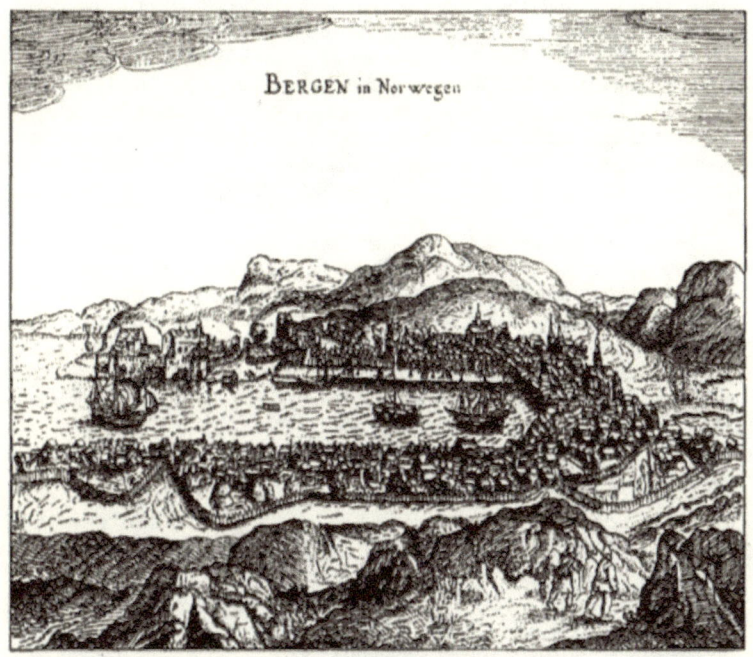

Abb. 39. Bergen (Stich von Bertius, etwa 1620). (Zu Seite 44.)

wegischen Nachfolger getan haben, und mit Erfolg. Ein Handel hat sich nördlich von Bergen an der norwegischen Küste in der hansischen Zeit nicht entwickelt; übrigens ist für den Fisch die Stadt ja noch heute der Haupthandelsplatz. Nicht in gleicher Weise hat der Kaufmann zu Bergen für die isländischen Fischereigründe seinen Willen durchsetzen können. Hier beteiligten sich Hamburger und Bremer an Fang und Handel, in Konkurrenz und manchmal in blutigem Zusammenstoß mit den Engländern, ohne sich an die von Lübeck und seinen Nachbarstädten erwirkten hansischen Verbote zu kehren.

\* \*

Die nach Westen gerichtete Nordseefahrt wandte sich nicht ausschließlich ihren Hauptzielen Brügge und London zu. In England werden außer der Hauptstadt noch Boston und Linn Regis genannt als Plätze, an denen es deutsche Niederlassungen gab. In London besaß der deutsche Kaufmann als gemeinsame „Gildhalle" den sogenannten Stahlhof (steel-yard) unweit des Towers, unmittelbar an der Themse. Der Name wirft ein bedeutungsvolles Licht auf den ursprünglichen Hauptgegenstand des Warenaustausches. Neben den Lütticher und westfälischen Eisenfabrikaten bringen die Westdeutschen dann noch Wein und in Köln erzeugte Seidengewebe, bringen die „Osterlinge", welcher Name in England wie in Flandern nach und nach für alle Hansen gebräuchlich wurde, baltische Produkte. Die nötige Zufuhr an Berger Fisch wurde auch bald von den Hansen besorgt. Gegenstand der Ausfuhr waren Wolle und ungeschorene Tuche, jene besonders nach Flandern, diese zum Teile ebendorthin, um veredelt von denselben Kaufleuten wieder zurückgebracht zu werden.

Auf dem Wege nach Flandern sind mancherlei Handelsbeziehungen mit Holland und Seeland geknüpft worden, zumeist von der Elbe aus. Die Hamburger fanden dort in einer Reihe von kleinen Plätzen einen erwünschten Absatz für das Bier ihrer zahlreichen Brauereien. Aus den mittleren Elbgegenden wurde den getreidearmen Landschaften nicht wenig Korn zugeführt; auch Produkte des Bergbaues und besonders der Forstwirtschaft (Harz, Pech, Teer, Pottasche) fanden dorthin wie nach Flandern ihren Weg. In Brügge selbst stand der Tuchhandel im Vordergrunde. Hier wie in kleineren Plätzen hatten die „Osterlinge" eigene Häuser, von denen das in Brügge unweit desjenigen der Spanier noch heute gezeigt wird. Sie bildeten hier eine „Natio", die als eine der vornehmsten und bedeutendsten in der von so zahlreichen und kaufkräftigen Händlern besuchten Weltstadt angesehen wurde. Auch in Gent und Ypern hatten die Hansen Niederlassungen.

Weiter westwärts hat sich ihre Schiffahrt ausgedehnt, weniger ihre Kaufmannschaft. Hier war das Hauptziel der Reisen ein Platz, der heute ebenfalls so gut wie verödet ist, die seichte Bai von Bourgneuf hinter der Insel Noirmoutiers, unmittelbar südlich von der Loire-Mündung, in der Sprache der Hansen einfach „die Baie" genannt. Sie hat im Mittelalter für die Gewinnung von Seesalz eine beherrschende Bedeutung gehabt, kennt auch heute diesen Betrieb noch, allerdings nur für ein lokales Absatzgebiet. Nettelbeck weiß noch von seinen Fahrten dorthin zu berichten. Im fünfzehnten Jahrhundert, wo die Produktion wohl ihren Höhepunkt erreichte, sind alljährlich gewiß hundert und mehr deutsche Schiffe dort gewesen; allein die „Baienflotte" der Danziger zählte bisweilen mehrere Dutzend Fahrzeuge. Und es waren im allgemeinen die größten, die man zu

Abb. 33. Die deutsche Brücke zu Bergen. Rekonstruktion von R. Christiansen. (Zu Seite 44.)

Abb. 34. Die deutsche Brücke zu Bergen vor ihrem Abbruch. (Zu Seite 44.)

dieser Fahrt verwandte. Das Salz ging nach Norwegen, Schonen, Schweden, aber auch nach zahlreichen deutschen Plätzen. Von der mittleren Westküste Frankreichs, besonders von den Nachbargebieten der Charente, holte man Wein; aus der Gegend von Toulouse kam Waid und Krapp. Auch zu beiden Seiten des Kanals ist hansischer Handel getrieben worden. Über den Biscayischen Meerbusen hinaus hat man sich aber lange nicht gewagt. Erst im fünfzehnten Jahrhundert erscheinen deutsche Schiffe häufiger an der Westküste der pyrenäischen Halbinsel; in der zweiten Hälfte des Jahrhunderts findet sich auch eine Niederlassung in Lissabon. Daß im Laufe des Mittelalters je eine hansische Unternehmung durch die Straße von Gibraltar ins Mittelmeer gerichtet gewesen sei, läßt sich nicht nachweisen, ist auch nicht anzunehmen. Beim zweiten Kreuzzug hat die niederdeutsche Abteilung der Kreuzfahrer diesen Weg nach dem heiligen Lande eingeschlagen, ist allerdings nur bis zur Mündung des Tajo gekommen. Albert von Stade, der sein Geschichtswerk kurz vor der Mitte des dreizehnten Jahrhunderts schrieb, hat in dasselbe ein Itinerar von Ripen in Jütland bis Akkon aufgenommen, das aber wörtlich aus dem fast zweihundert Jahre älteren Adam von Bremen entlehnt ist. Es scheint sich um eine normannische Übung zu handeln, deren Kenntnis sich bei den Friesen bis ins dreizehnte Jahrhundert erhalten hat, die aber von hansischen Schiffern nicht übernommen worden ist. Umgekehrt, vom Mittelmeer her, ist die Fahrt bei Genuesen und Venetianern wohl schon im gleichen Jahrhundert in Brauch gekommen; sie dehnten sie bis England und Flandern, nie jedoch in die Nordsee aus. Abgesehen von diesen Beziehungen sind Mittelmeer und nordeuropäische Gewässer nach dem Aufhören der Normannen-Fahrten durch das ganze Mittelalter, ja bis gegen Ende des sechzehnten Jahrhunderts völlig getrennte Verkehrsgebiete gewesen. Für die hansische Schiffahrt sind die Säulen des Herkules, die südlichsten Teile des Bottnischen Meerbusens und Island die äußersten Grenzen, bis zu denen sich ihre Tätigkeit je erstreckt hat. Es ist gar nicht zu verkennen, daß sie als Seefahrer hinter den Normannen nicht unwesentlich zurückstanden. Sie gingen friedlichem Erwerb nach. Abenteuer-, Beute- und Eroberungslust, das Bedürfnis, eine neue Heimat zu finden, spielten als Antriebe keine Rolle mehr.

Indem man die Ausdehnung hansischer Seefahrt ins Auge faßt, drängt sich unwillkürlich die Frage nach den nautischen Mitteln auf, mit denen sie durchgeführt wurde. Nur ganz dürftige Antworten wissen wir darauf zu geben; kaum irgend etwas ist mehr in Dunkel gehüllt als die Entwickelung nautischer Technik im nördlichen Europa während des Mittelalters. Die Quellen fließen außerordentlich spärlich, sind nicht gesammelt und ohne eingehende Sachkunde schwer zu erklären. Nur das ist zunächst sicher, daß an Stelle des offenen, niedrigen Normannenschiffes ein gedecktes, hochbordiges Fahrzeug trat, im schroffen Gegensatz zu jenem nicht lang, schlank und spitz, sondern kurz, breit, vorn und hinten rund gebaut und von viel größerer Tiefe. Der Typus des größeren hansischen Meerschiffes ist die „Kogge", die in Bauart und Form unter den noch jetzt gebräuchlichen Schiffsarten am meisten mit der friesischen Tjalk oder Kuff und mit der nordrussischen, auch in den finnmärkischen Gewässern gebräuchlichen Lodje Ähnlichkeit gehabt haben mag. Von anderen, meist kleineren Schiffstypen wissen wir allerlei Namen, die mit Vorliebe aus dem Tierreiche entlehnt sind, ohne uns doch von ihrer Bauart klare Vorstellungen machen zu können. Wann und wo sich die neue Art der Schiffskonstruktion zuerst entwickelt hat, bleibt völlig dunkel. Vielleicht kam sie schon auf, als noch die Normannen die See befuhren, möglich, daß der Westen Frankreichs, der für Begründung und Ausbildung des nordeuropäischen Seerechts eine große Bedeutung gewonnen hat, wesentlich an ihr beteiligt war. Jedenfalls hat damit das Seeschiff der Neuzeit seinen Ursprung genommen gegenüber dem Langschiff der Normannen und der Galeere der Mittelmeerländer, nicht unmöglich aber, daß es dem Mittelmeer selbst entstammt.

Da wir uns von Betakelung und Segelführung der gebräuchlichen Schiffe kaum irgend welche Vorstellung machen können, so sind wir auch ziemlich im unklaren über Handhabung und Fahrt. Der Kompaß ist in diesen Gewässern schwerlich vor der zweiten Hälfte des vierzehnten Jahrhunderts gebraucht worden, vielleicht erst im fünfzehnten. Sobald also der Schiffer bei unsichtigem Wetter das feste Land aus dem Auge verlor, war er hilflos. Auch bei gutem Wetter war er in solchem Falle für die Bestimmung des Ortes ausschließlich auf „Gißung" (Schätzung) angewiesen, da er weder Chronometer noch Log besaß. So hat er sich lange ängstlich an die Küste angeklammert. Nur wenn das Wetter Bestand versprach, konnte er eine längere Fahrt übers offene Meer wagen, sofern ihm die Richtung, in der das Ziel lag, bekannt war. Auf günstigen Wind haben daher im Mittelalter und noch viel später die Schiffer mit erstaunlicher Geduld oft Wochen, ja Monate gewartet. Deshalb und der Sicherheit wegen segelte man auch, besonders auf weiten Reisen, zumeist in Flotten. Die Schnelligkeit der Fortbewegung darf nicht unterschätzt werden. Sie stand hinter der unserer Tage kaum zurück, nicht nur soweit Segel-, sondern auch soweit gewöhnliche Dampfschiffahrt in Betracht kommt; denn auch heute übertrifft ein tüchtiger Segler bei günstigem Winde den Durchschnittsdampfer eher, als daß er ihm nachstände. Für die Fahrt von Ripen in Jütland nach Brügge in Flandern setzt das angezogene Itinerar des Adam von Bremen zwei Tage und Nächte an, für die vom Südwestende Englands nach der äußersten Spitze der Bretagne einen Tag, von dort nach Ferrol in Galicien drei Tage und Nächte. Das sogenannte Seebuch, dessen älteste Teile wohl noch im vierzehnten Jahrhundert entstanden sind, gibt verhältnismäßig genaue Segelanweisungen für die europäischen Küsten von den westlichen Häfen des Mittelmeeres (Cartagena, Malaga) bis zum Finnischen Meerbusen und Kap Lindesnäs, besonders für die Häfen- und Stromeinfahrten, und mag in manches Seemannes Hand gewesen sein. Seekarten, wie sie der in so mancher Beziehung leichter gestellte und besonders nicht durch Ebbe und Flut behelligte Mittelmeerfahrer seit dem vierzehnten Jahrhundert hatte, sind für die nördlichen Gewässer, für die sie viel schwieriger herzustellen waren, erst in der zweiten Hälfte des sechzehnten Jahrhunderts aufgekommen. Da die Seefahrt in so hohem Grade Küsten- bezw. Wattenfahrt war, konnten auch die auf den größeren Flüssen gebrauchten Fahrzeuge in ihr in bedeutendem Umfange verwendet werden.

Es bedarf kaum der Erwähnung, daß die mittelalterlichen Schiffe kleiner waren, bedeutend kleiner als die des neunzehnten Jahrhunderts. Die Durchschnittsgröße der hansischen mag im vierzehnten Jahrhundert 100 Tonnen oder weniger betragen haben, im fünfzehnten Jahrhundert aber wohl mehr. Um die Scheide des Mittelalters und der Neuzeit waren Schiffe von 200, 300, 400, ja 500 Tonnen keine Seltenheit, einzelne, so der Lübecker „Engel" im Kriege gegen Johann von Dänemark, noch wesentlich größer. Das Kriegsschiff „Der Adler", das die Lübecker im nordischen siebenjährigen Kriege (1563—1570) verwendeten, wird auf 700 Last (1400 Tonnen) angegeben. Lübeck und Danzig besaßen besonders große Schiffe. Den Skandinaviern war man auf diesem Gebiete entschieden überlegen. Aus dem Kriege der wendischen Städte gegen den Dänenkönig Erich von Pommern wird berichtet, daß die lübischen Schiffe den dänischen gegenüber gelegen hätten wie Kirchen gegen Klausen. (Abb. 35—37.)

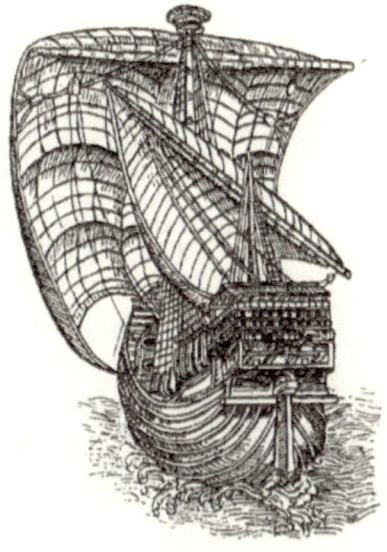

Abb. 35.
Schiff aus dem Ende des 15. Jahrhunderts.

\* \* \*

Der hansische Handel ist nun aber nicht allein See-, sondern auch Landhandel gewesen. Auf den sämtlichen Straßen zu Wasser und zu Lande zwischen all den genannten Städten hat er sich bewegt, auf Schiffen, Wagen, Karren und Lasttieren. Da die Straßen oft mangelhaft genug waren (eine falsche, bei der Auffindung von sogenannten Römerstraßen nicht selten irreführende Vorstellung ist doch, daß das Mittelalter im Straßenbau überhaupt nichts geleistet habe), so sind auch wenig leistungsfähige Wasserstraßen benutzt worden, an deren Schiffbarkeit heute kaum noch jemand denken würde. Wenn nur ein Kahn eine oder einige Wagen- oder Tierlasten befördern konnte, erschien sein Gebrauch schon als ein Gewinn. Auch künstliche Wasserverbindungen hat man hergestellt; die berühmteste ist der Steckenitz-Kanal geworden, der „Graben", der die Trave mit der Elbe verband, zunächst dem Lüneburger Salztransport, dann aber auch dem schon mehrfach erwähnten Warenzuge Lübeck-Hamburg diente. Er hat vielleicht schon in der ersten Hälfte des vierzehnten Jahrhunderts, jedenfalls aber seit 1390 bestanden. Über das durch die Lage der Städte gleichsam umgrenzte Gebiet hinaus hat sich ihr Verkehr mehr nach Osten, Westen und Norden als nach Süden erstreckt. Er folgte doch überwiegend der Richtung des Meeres, nord- und ostwärts bis zu den bereits angegebenen Punkten, westwärts bis tief nach Frankreich hinein, besonders bis zu den berühmten Märkten von Troyes. Bemerkenswert ist, daß die Handelsbeziehungen zwischen Ober- und Niederdeutschland im Mittelalter nur dürftig entwickelt gewesen sind. Der Rhein bildet die einzige stärkere Verbindungslinie. Das mitteldeutsche Gebirge ist eine Art Scheidelinie. Mit dem Ende des Mittelalters, als die Oberdeutschen, besonders die Augsburger, in das hansische Handelsgebiet eindrangen, entwickelte sich sogar ein recht scharfer Gegensatz der Interessen. Von einem einheitlichen deutschen Wirtschaftsgebiet kann auf dem mittelalterlichen Reichsboden nicht die Rede sein. Nur das wirtschaftliche Gedeihen Niederdeutschlands war enger mit dem Bestande der Hanse verknüpft.

Es würde ein Übersehen des Nächstliegenden sein, wenn man nicht hervorheben wollte, daß für alle Städte der Verkehr mit der unmittelbaren Umgebung eine nicht zu unterschätzende Bedeutung hatte. Sie waren für diese gegebene Abnehmer aller überschüssigen Erzeugnisse, eine Stellung, die sich mit der Zunahme der Bevölkerung naturgemäß erweitern mußte, und vornehmste Bezugsquelle für Bedürfnisse aus der Fremde.

In ihrem Ursprunge trugen übrigens alle, die kleineren dauernd, mehr oder weniger den Charakter von Ackerstädten. Fruchtbarkeit, Anbau und Zugänglichkeit der Nachbarschaft, in moderner Ausdrucksweise würde man sagen: ihre Produktions- und Konsumtionsfähigkeit, hatten daher einen schwerwiegenden Einfluß auf das Gedeihen der Städte. Braunschweig, Hildesheim, Soest verdanten solchen Vorteilen nicht zuletzt ihre andere Orte überragende Stellung. Gelegentlich waren es auch besondere Naturschätze, auf denen das Gedeihen einzelner Städte beruhte, so für Lüneburg und Kolberg das Salz, für Goslar der Bergbau. Das Emporkommen der größten und einflußreichsten unter ihnen ist aber doch zumeist bedingt durch ihre Lage für den Fernverkehr, dies Wort in den Schranken der Zeit gefaßt.

Die Art des Auftretens der Deutschen im Auslande und die Form ihrer Beziehungen zu den Fremden war eine sehr mannigfaltige, den Verhältnissen angepaßte. Allgemein genannt werden die vier Kontore zu Nowgorod, Bergen, Brügge und London, und sie sind allerdings die vornehmsten Sammelpunkte des hansischen Deutschtums im Auslande. Aber daß sie lange nicht die einzigen sind, daß es zahlreiche andere an kleineren Orten der in Frage kommenden Gebiete gab, ist schon aus dem Gesagten bekannt. Ein so wichtiger Erwerbsplatz wie die Halbinsel von Skanör und Falsterbo bleibt unberücksichtigt, wenn man sie allein erwähnt.

Die Verhältnisse auf diesen großen und kleinen Kontoren und Niederlassungen waren recht verschiedenartige. Gegenüber weniger entwickelten Völkern und unsicheren Rechtsverhältnissen mußte man sich mehr zu decken suchen, als das in festeren Formen des staatlichen Lebens möglich und nötig war; auch war schwächeren Staatsbildungen gegenüber leichter etwas durchzusetzen. Da nach älterer Auffassung fremd und feind gleichbedeutend waren, so gebot schon die Pflicht der Selbsterhaltung, das eigene Dasein mit festen, bindend vereinbarten Formen zu umgeben. In den ersten Anfängen der in Frage stehenden Niederlassungen wurde das Recht noch als mit der Persönlichkeit verbunden aufgefaßt; das eigene Recht zur Geltung zu bringen, war daher unerläßliche Bedingung des Aufenthalts in der Fremde. In Rußland, Dänemark, Norwegen hat man volle Ausübung der Gerichtsbarkeit über die eigenen Genossen erstrebt und zum Teil durchgesetzt. Im geraden Gegensatz dazu ist der Deutsche in Schweden im nationalen Recht aufgegangen. Eine mittlere Stellung nahm er in England und Flandern ein. Überall wurde ein Hauptgewicht darauf gelegt, nicht zur Verantwortung gezogen zu werden für Untaten von Volksgenossen und sich zu decken gegen die barbarischen, aber über das Mittelmeer hinaus in Übung begriffenen Bräuche des Strandrechts und der Grundruhr.

Für Streitfälle mit den Eingeborenen wurden überall feste Vereinbarungen getroffen. Ebenso suchte man Erbschafts-, Nachlaß-, Schuldfragen und besonders die zu leistenden Zölle, Gefälle und Abgaben aller Art genau zu regeln. Selbstverständlich war die Absonderung von den Einheimischen. Auf dem Petershofe zu Nowgorod, auf der Brücke zu Bergen, im Haus der Osterlinge zu Brügge, im Stahlhof zu London, auf den Fitten von Skanör oder Falsterbo, fast überall, wo wir den Deutschen auswärts in kleineren oder größeren Gruppen finden, lebt er für sich nach seinen Ordnungen, völlig abgeschlossen von den Angehörigen des Landes, häufig noch in sich gegliedert nach den einzelnen Heimatsorten. Man hat von hansischem Sondergeist gesprochen; aber der Zug ist keine hansische Eigentümlichkeit, sondern etwas allgemein Mittelalterliches. In Brügge lebten Spanier, Portugiesen, Genuesen, Florentiner, Venetianer, Engländer und Franzosen ebenso. Es war auch gar nicht anders möglich, wenn das überschäumende Selbständigkeitsgefühl, der unbändige Trotz, der dem mittelalterlichen Menschen eigen war, einigermaßen in Zucht gehalten werden sollte, um so weniger, als nur unverheiratete oder von ihren Frauen nicht begleitete Männer auf den Niederlassungen verkehrten.

Eigenartig haben sich die Verhältnisse in Schweden entwickelt. Soweit wir zurückverfolgen können, sind dort die Deutschen völlig ins Recht des Landes aufgenommen

Abb. 36. Handelsschiffe. Zeichnung aus einer im Germanischen Museum befindlichen Handschrift des Trojanischen Krieges vom Jahre 1441. (Zu Seite 49.)

worden, wie den Schweden das Gleiche in den deutschen Städten zugesagt wurde. So sind sie in den schwedischen Bürgerschaften aufgegangen, nachdem sie allerdings ihre Sprache und Nationalität zum Teil bis zum Ende des Mittelalters, ja vereinzelt darüber hinaus, bewahrt hatten. Von irgend welchen für sie allein bestehenden Ordnungen ist in diesem Lande nichts bekannt geworden. Am meisten nähert sich diesem Verhältnis ihre Stellung in England, wo die Stahlhofsleute in London das ihrem Grundbesitz nächstgelegene Tor Billingsgate zu bewachen hatten.

An der Spitze der einzelnen Niederlassungen standen Älterleute, deren Wahl, allerdings unter Aufsicht der Städte, den Kontorgenossen zustand. Ihnen lag ob, die Aufrechterhaltung der Ordnung zu überwachen, den Kaufmann nach außen zu vertreten, Streitfälle und Rechtsfragen zu entscheiden, sofern diese nicht an die heimischen Städte zu verweisen waren. Nach Falsterbo-Stanör sandten die einzelnen Städte Vögte, Ratsmitglieder, die ihnen zustehende Gerichtsbarkeit auszuüben. Nicht in Flandern und England, wohl aber in Rußland und Skandinavien haben die Deutschen ihre eigenen Kirchen gehabt, auf den schonenschen Fitten deren sogar mehrere.

Um die Mitte des vierzehnten Jahrhunderts waren auch in den Städten selbst die Einrichtungen im wesentlichen herausgebildet, die dann während der ganzen Blütezeit der Hanse die Grundlage ihrer Stellung bildeten. An der Spitze jeder einzelnen stand ein Rat von meistens zwölf bis vierundzwanzig Mitgliedern (consules), dessen Leitung in den Händen von zwei oder vier Bürgermeistern (proconsules, burgimagistri) war. Es ist die allgemeine Ordnung aller Städte in hansischem Bereich gewesen, daß in den Rat nur Angehörige kaufmännischer Betriebe kommen konnten, wie es eine Lübecker Aufzeichnung ausdrückt, „wer seine Nahrung nicht mit Handwerk gewann". Diese Ordnung kann nicht als von vornherein bestehend gelten, auch nicht als überall verfassungsmäßig begründet; sie ist auch in nicht wenigen Städten vorübergehend durchbrochen worden; als herrschend muß sie trotzdem angesehen werden. Sie hatte ihren Grund in den Lebensbedingungen der Städte.

An mehr als einem Orte hat es sich herausgebildet, daß in den Rat nur Angehörige gewisser Gesellschaften aufgenommen werden konnten, wie in Lübeck der Junkergesellschaft, der Zirkelbrüder, der Kaufleute-Kompagnie. Trotz alledem war die Ratsbesetzung nicht völlig exklusiv; ein sogenanntes geschlossenes Patriziat hat sich nur ganz vereinzelt, z. B. in Lüneburg, herausgebildet, wo der Betrieb der Saline eine gleichmäßig fließende, in festen Händen befindliche Erwerbsquelle war. Sonst ist politische Geltung nicht allzusehr abhängig gewesen von der Familienzugehörigkeit; sie ist beeinflußt worden vom Besitz, der in Handelsstaaten und -städten zu allen Zeiten nicht geringen Schwankungen unterworfen gewesen ist. Die Städte mußten damals wie in neuerer Zeit die Reihen ihrer Bürger immerfort ergänzen aus der Landbevölkerung, und da ist es doch nicht selten vorgekommen, daß ein Bauernbursche, der arm und bloß, doch als Sohn ehrlicher Eltern, in die Mauern der Stadt eingezogen war, als einer ihrer Ratsherren sein Leben endete. War er einmal zu Besitz gekommen, so standen ihm auch die Gesellschaften offen und aus diesen der Weg unter die Väter der Stadt. Die das Regiment in Händen hielten, standen selbst mitten inne in den Interessen, die die Stadt bewegten. Sie waren in Jünglings- und Mannesjahren wohl selbst draußen gewesen, kannten die Verhältnisse dort, wußten, wie man fremden Machthabern zu begegnen hatte, und waren vertraut mit den Bedürfnissen des Erwerbslebens.

Dem Rate lag es ob, die Verwaltung zu führen, deren Geschäfte er unter sich verteilte. Es handelte sich da zunächst und zumeist um innere Fragen: Handhabung der städtischen Gerichtsbarkeit, Verwaltung des städtischen Gutes, der Steuern, Zölle, Abgaben, Gefälle, der Münze, Aufrechterhaltung der öffentlichen Ordnung und Handhabung der Polizei, Sorge für die Sicherheit der Stadt, Aufsicht über die Zünfte und so manches andere. Der Rat mußte aber auch die Stadt nach außen vertreten, Mitglieder auf Tagfahrten und zu Verhandlungen senden, im Kriege aus seiner Mitte auch Führer stellen. Es liegt in der Natur solcher Kollegien, daß der einzelne in ihnen nicht allzusehr hervortritt, auch der hervorragend Tüchtige nicht. Dazu sind protokollarische Aufzeichnungen, in denen die Haltung der einzelnen zu erkennen wäre, kaum je gemacht worden, überhaupt über Ratssitzungen und -beschlüsse nur dürftige Niederschläge der Nachwelt überliefert. So hat die hansische Geschichte etwas Unpersönliches, Zuständliches. Trotzdem ist nicht zu bezweifeln, daß in ihren starken und glücklichen Tagen hervor-

Abb. 37. Ein zur Abfahrt bereites Schiff mit Bewaffneten. Zeichnung von Hans Holbein d. jüngern. (Um 1525. Die Proportionen der Landsknechte sind absichtlich zu groß genommen.) (Zu Seite 49.)

ragende Männer bedeutsam eingegriffen haben in den Gang ihrer Geschicke, und ebenso unzweifelhaft ist, daß in den Ratskreisen der größeren Städte manchmal eine geradezu überraschende Kenntnis wichtiger auswärtiger Verhältnisse zu Hause war. Die Stellung war auch keineswegs eine solche, von der nur Vorteil und Genuß zu erwarten gewesen wäre; die Mitgliedschaft des Rates legte mancherlei und nicht leichte Verantwortlichkeit auf, und mehr als einer hat das zu fühlen bekommen.

\*

Die Kaufmannschaft gliederte sich vielfach, besonders in den größeren Seestädten, nach der Art des Betriebes, dem der einzelne angehörte. In Lübeck gab es Flandern- und Englands-, Schonen- und Bergen-, Stockholm-, Nowgorod-, Riga- und Revalfahrer. Weniger stark vertretene Betriebe gliederten sich wohl größeren, den „Natien", an. Ihre Aufgaben waren vor allem die Ordnung der Geschäfte, ihre Regelung und Verteilung unter möglichst gleichmäßiger Berücksichtigung des einzelnen, dann aber auch die Vertretung des betreffenden Betriebes beim Rat, wenn er dessen bedurfte, und die Fürsorge für Schutzmaßregeln, wenn er gefährdet war. Kaufleute und Schiffer, das will sagen die Schiffsführer, nach moderner Ausdrucksweise die Kapitäne, waren in diesen Körperschaften vereinigt, wie ja noch heute in der Gesellschaft „Seefahrt" in Bremen beide Berufe vertreten sind und gemeinsam die altherkömmliche „Schaffermahlzeit" richten. Im Mittelalter waren ja auch beide Erwerbszweige entfernt nicht so scharf getrennt wie heutzutage. Es gab keinen Schiffer, der an der Ladung seines Schiffes oder am Schiffe selbst nicht auch als Besitzer beteiligt gewesen wäre, und so mancher Kaufmann begleitete selbst seine Waren über See und Sand.

Neben den Kaufleuten standen die „Ämter", die Vereinigungen (Zünfte, Innungen) der Handwerker. Manche ihrer Betriebe waren durch den Handel mächtig gefördert und emporgeblüht, so z. B. in den wendischen Städten das Gewerbe der Böttcherei durch den schonenschen Heringshandel, auch das der Knochenhauer (Fleischer), die im Herbst zahlreich mit nach Schonen hinüberzogen. Das Schuhmachergewerbe hat auch stark für den auswärtigen Markt gearbeitet. Auf der Berger „Brücke" war eine ganze Kolonie von Handwerkern, die der Leitung des Kontors unterstanden. Tuche aus sächsischen und westfälischen Städten sind nicht wenig in den Handel gebracht worden, aus Köln die Arbeiten der Seidenweberei. Ein ganz außerordentlich entwickeltes Gewerbe, das in zahlreichen Städten einen Hauptausfuhrartikel lieferte, und dessen Betrieb in eigentümlicher, übrigens noch heute nicht ganz ausgestorbener Weise organisiert war, war die Brauerei. Das Bier der wendischen Städte ging in großer Menge nach Dänemark und Norwegen, besonders nach Schonen und Bergen, das der Hamburger und Bremer nach den Niederlanden, Einbecker in alle Welt. Auch Braunschweiger und Bernauer Bier und manches andere genoß eines mehr oder weniger weiten Rufes. Das zum Versand kommende Bier war zumeist nicht das gewöhnliche, alltäglich getrunkene, das im Mittelalter und darüber hinaus, bis zum Eindringen von Kaffee und Tee, bei der Ernährung eine so große Rolle gespielt hat, daß man es nur als Nahrungsmittel bezeichnen kann; es war ein stärker eingebrautes, als Genußmittel dienendes Getränk, der Bindekitt der Trinkstuben, wie sie jede Zunft, jede Kompagnie, jede Gesellschaft oder Brüderschaft, mehr oder weniger in der Art der noch heute erhaltenen Schiffergesellschaft in Lübeck oder des Artushofes in Danzig, besaß, und wie sie, bei dem fast völligen Mangel aller öffentlichen Gasthäuser und Herbergen und bei der zwingenden Notwendigkeit für jeden einzelnen, sich einem größeren Kreise anzuschließen, für den mittelalterlichen Städtebewohner unentbehrlich waren und deshalb große Bedeutung gewannen. In der Braunschweiger Mumme, dem Bremer Seefahrts-, dem Danziger Jopenbier, bis zu einem gewissen Grade auch in den englischen Bieren, ist der eine schwerere, dicker fließende, zum Teil süßliche Typus derartigen Gebräus noch heute erhalten, während Dortmunder, Soester, Kölner Altbier, auch flandrisches Bier den anderen, leichteren, säuerlichen darstellen. Im Bremer Braunbier und ähnlichen Hausgetränken hat man wohl jetzt noch im wesentlichen das Erzeugnis, das im Mittelalter nicht nur zur Löschung des Durstes, sondern auch in der Küche eine so ausgebreitete Anwendung fand.

Abb. 38. Siegel der Stadt Stralsund.

Kaufleute und Handwerker bildeten in ihrer Gesamtheit die Gemeinde. Sie hatte an der Verwaltung der Stadt keinen Anteil, auch kein Wahlrecht für den Rat, da dieser fast ausnahmslos in allen mittelalterlichen Städten das Selbstergänzungsrecht übte; sie war aber doch keineswegs eine bloß regierte Masse, die man etwa hätte ausbeuten können. „Der Stadt

Recht" schirmte die Privatstellung des einzelnen, und in öffentlichen Angelegenheiten hat der Rat bei wichtigeren Fragen doch selten unterlassen, die Gemeinde heranzuziehen, mit ihren Vertrauensmännern nicht nur zu beraten, sondern auch zu beschließen und so die Verantwortung zu teilen. Folgenschwere Entscheidungen politischer, militärischer, finanzieller Art sind selten anders zu stande gekommen. Die Mißstimmung der Gemeinde zu erregen, war auch für angesehene und einflußreiche Ratsglieder nicht unbedenklich.

So war das städtische Regiment im Gebiet der Hanse zweifellos ein aristokratisches, zeigte aber doch auch demokratische Züge. An der Spitze standen Männer, die durch überlieferten oder selbsterworbenen Besitz in Ansehen standen,

Abb. 39. Siegel der Stadt Wismar.

die zugleich die Bedürfnisse des städtischen Gemeinwesens und die Mittel, ihnen zu genügen, aus eigener Erfahrung und Betätigung kannten. Selbstsüchtige Verfolgung von Einzel- oder Sonderinteressen konnte bei der Durchsichtigkeit der ganzen Verhältnisse nicht lange unentdeckt und bei der Selbständigkeit, die die einzelnen, für sich organisierten Kreise behaupteten, nicht lange ungerügt bleiben. Bei verantwortungsvollen Entscheidungen suchte man im Einverständnis der ganzen Gemeinde eine breite Stütze, um dann wieder in kleinem, leicht geeinigten Kreise zur Tat zu schreiten. Es ist eine Mischung aristokratischer und demokratischer Momente, wie sie noch heute in den aus alter hansischer Überlieferung erhaltenen Stadtgemeinden in Übung ist, nicht vor jeder mißbräuchlichen Ausartung gefeit, aber im Kerne gesund und anzupassen an fast alle Aufgaben, die einem solchen Gemeinwesen gestellt werden können. Unter der Herrschaft dieser Verfassungsformen haben die niederdeutschen Städte die Zeit ihrer hansischen Blüte erlebt.

Seitdem die Städte mehr oder weniger selbständig geworden waren gegenüber landesfürstlicher Gewalt, waren sie es, die den Bürger im Auslande zu vertreten hatten. In der langen Kette völkerrechtlicher Beziehungen, die sich infolgedessen geknüpft haben, bilden zahlreiche Verträge die einzelnen Glieder. Sie haben fast durchweg die Form von Privilegien, gewähren eine Reihe von Rechten, ohne daß, abgesehen von vereinzelten Fällen, von Gegenleistungen die Rede ist. Es würde falsch sein, daraus den Schluß zu ziehen, daß solche nicht stattgefunden hätten. Im Gegenteil darf man ruhig annehmen, daß so gut wie niemals etwas gegeben worden ist, ohne daß es erworben und erkauft war, abgesehen natürlich von den Fällen, wo man den versprechenden Teil durch Gewalt gezwungen hatte, gestellte Forderungen zu erfüllen. In den Beziehungen der Städten zueinander konnte und kann, soweit nicht das Mittel des Krieges in Anwendung gebracht wird, nichts anderes herrschen als der Grundsatz des do ut des. In der Regel wurden Rechte und Freiheiten wohl durch Zahlungen erworben. Gerade daß die Städte geldkräftig waren in einer Zeit, wo die Naturalwirtschaft noch Hauptgrundlage der Staatsmacht, Barmittel aber doch schon unentbehrlich geworden waren, hat sie emporgebracht. Dann hat aber auch politische oder militärische Unterstützung in Zugeständnissen ihren Lohn gefunden. Auch gegenüber den Landesherren sind die Städte durch diese Mittel vorwärts gekommen. Ihre Bürgschaft fanden die erworbenen Rechte im Privileg, dem versiegelten Pergament, das der Schatzkammer der Stadt, der Trese, zur Bewahrung anvertraut wurde. Von seiner Wichtigkeit war jeder Bürger tief durchdrungen. Je reicher der

Schatz an solchen Urkunden, desto größer der Stolz. Sie waren die Grundlagen und Bollwerke der Selbständigkeit und des Wohlstandes für jede Stadt. Als 1366 Bremen nächtlicherweile von Scharen des Erzbischofs und städtischen Verrätern überfallen wurde, ließ der Ratmann Johann von Haren, sein eigenes Gut versäumend, auf die Trese in der Kirche „unserer lieben Frau", der Ratskirche, und nahm den vom Erzbischof besiegelten und beschworenen Friedebrief, um damit draußen über das geschehene Unrecht zu klagen. Schärfer als das unter den fürstlichen Gewalten der Zeit üblich war, haben die städtischen „Siegel und Brief", das verbriefte Recht, betont.

Die Tätigkeit, die mit Ausübung des Handels in jenen Tagen unzertrennlich verbunden war, hat dem bürgerlichen Stande die gemeindeutsche Wehrfähigkeit länger erhalten als in den meisten Gegenden dem bäuerlichen. Besonders war das der Fall mit

Abb. 40. Der Gürzenich zu Köln. (Zu Seite 67.)

dem Verkehr zur See. Der belebende, erfrischende Einfluß, den das Meer auf jeden übt, der auf seinen Wellen sein Brot zu suchen hat, ward noch erhöht durch die Gefahren, die der soviel unvollkommenere Schiffahrtsbetrieb, der grausame Brauch des Strandrechts und das fast ausrottbare Piratenwesen der Zeit mit sich brachten. Mehr noch als die ebenfalls beschwerlichen und gefahrvollen Reisen zu Lande erforderten die zur See harte, wehrhafte Männer, die es verstanden, „Degen und Handbeil schwirren zu lassen", wie der siegreich gegen den Seeräuber Marten Pechlin kämpfende Lübecker Kaufmannsgeselle Gerd Korfmaker es ausdrückt.

In ihrer Wehrverfassung haben auch die Städte dem Brauche der Zeit folgen müssen. Der Solddienst, der seit dem dreizehnten Jahrhundert den an die Stelle des Heerbannes aller Freien getretenen Lehensdienst zurückdrängte, griff nach und nach auch im städtischen Wesen Platz. Ein kleines Häuflein geworbener Knechte unter einem als Kriegsmann erprobten, häufig adligen Führer wurde in den größeren Orten als eine Art stehender Truppe gehalten, die Polizeidienste leistete, für die Sicherheit der nächsten

Abb. 41. Prospekt von Köln aus dem Jahre 1639. Stich von Birbau

b. 41. Prospekt von Köln aus dem Jahre 1639. Stich von Birbaum (mit Benutzung des Holzschnittes von

Anton von Worms aus dem Jahre 1531). Nach einem uns von dem Kunst-Antiquariat der Herren Amsler

& Ruthardt in Berlin zur Verfügung gestellten Original. (Zu Seite 66.)

Umgebung sorgte und Geleit stellte. Für Fehden warb man dazu Reisige (Reiter) und Knechte, die sich in kleineren Abteilungen unter ihren Führern zum Dienst anboten. Handelte es sich um Zwistigkeiten, die zu Lande ausgefochten wurden, so nahm der Bürger im allgemeinen nur an Auszügen (Expeditionen) teil, die in die Nachbarschaft gerichtet waren und in wenigen Tagen erledigt sein konnten. Im übrigen und im vollen Aufgebot ergriff er nur die Waffen zur Verteidigung der Stadt.

Anders aber zur See.

Besondere Kriegsschiffe hat es im Mittelalter nur vereinzelt gegeben. Der allgemeine Gebrauch war, noch weit in die Neuzeit hinein, starke und gute Handelsschiffe zu verwenden. Sie wurden mit möglichst zahlreicher Mannschaft besetzt und stärker, als schon die Sicherheit im friedlichen Gebrauch erforderte, bewaffnet. Zur Besatzung gehörte eine starke Abteilung von Knechten, gelegentlich Reiter zur See genannt, weil im Landkriege der Reiterdienst in den Vordergrund trat. Sie waren ausschließlich zum Fechten bestimmt und standen unter Führung eines besonderen Hauptmanns. Denn die Seeschlacht spielte sich fast wie ein Landkampf ab. Man suchte dem Feinde an Bord zu kommen, zu entern; der Fernkampf mit Geschossen bedeutete nicht viel. Dafür war es aber keineswegs gleichgültig, wie der Schiffer Wind und Wasser zu benutzen, das Schiff zu lenken und es an den Feind zu bringen verstand. Und dabei hing der Erfolg ausschließlich von der Tüchtigkeit der Bootsmannschaft ab, die daneben auch, wenn es zum Fechten kam, ihren vollen Anteil an der Arbeit auf sich nahm. Dieser seemännische Teil der Schiffsbesatzung ist aber ganz überwiegend, oft ausschließlich der städtischen Bevölkerung entnommen worden, von der auch nicht wenige, besonders aus den Zünften, Knechtsdienst taten. Die Führer der Schiffe („Schiffer", d. h. Schiffsherren) waren ausschließlich Bürger, manchmal, die Flottenführer stets, Angehörige des Rates. Diesen Verhältnissen ist es doch zuletzt zuzuschreiben, daß in den norddeutschen und zumal den Seestädten die Wehrhaftigkeit des Bürgertums sich wesentlich länger erhalten hat als in Deutschlands Süden und Mitte. Zahlreiche Hergänge des sechzehnten und siebzehnten Jahrhunderts belegen das. Man braucht nur an die Belagerungen zu denken, die Stralsund, Bremen und Hamburg, Magdeburg und Braunschweig noch lange nach dem Mittelalter ausgehalten haben und sie zu vergleichen mit der Haltung Augsburgs oder Nürnbergs im schmalkaldischen bezw. im dreißigjährigen Kriege.

## IV.

So standen die Städte um die Mitte des vierzehnten Jahrhunderts gleichsam fertig, größere historische Aufgaben zu lösen. Es ist von hervorragender Bedeutung für die deutsche Geschichte geworden, daß aus dem Zusammenbruch der Königsmacht nicht bloß fürstlicher und abliger Sondergeist Vorteil gezogen hat. In dem Bürgertum wuchs eine neue Form deutscher Gemeinfreiheit empor, nachdem die auf ländlichem Wesen begründete bis auf wenige Reste verschwunden war. Die sich entwickelnden Stadtstaaten waren ausschließlich aufgebaut auf die Erwerbsinteressen ihrer Angehörigen. Ihre Selbständigkeit konnte kein anderes Ziel, ihre politische Tätigkeit keinen anderen Inhalt haben, als diese Interessen zu vertreten. So tritt in Deutschland, wie es schon in Italien geschehen war, ein neuer Faktor ein in das staatliche Leben. Seine Äußerungen werden von anderen Beweggründen bestimmt als von dynastischem Wünschen und Begehren. Es gibt jetzt politische Gewalten, deren Haltung fast ausschließlich beeinflußt wird von wirtschaftlichen Erfordernissen und Erwägungen, und sie sind so stark geworden, daß man sie nicht mehr übersehen kann, daß man mit ihnen rechnen, sie als Freund oder Feind in Anschlag bringen, entweder bekämpfen oder fördern muß.

Es ist gar nicht zu bezweifeln, daß um die Zeit, da Habsburger, Wittelsbacher und Luxemburger als Rivalen um die deutsche Königsstellung nebeneinander standen, das Gefühl für diese Sachlage im deutschen Bürgertum weit verbreitet war, daß Hoffnungen gehegt wurden, wie sie für den Süden zusammengefaßt worden sind in den Worten:

„Zwischen den vier Wäldern eine große Schweiz." Die Erfolge der acht alten eidgenössischen, halb ländlichen, halb städtischen „Orte" konnten nur ermunternd wirken. Das rasche Wachsen, der steigende Wohlstand hatten das Selbstgefühl in den Städten mächtig entwickelt. Der Bürger war stolz auf sein Gemeinwesen, fühlte sich gehoben als Glied desselben und war bereit, es zu vertreten. Und nicht zuletzt war das in den hansischen Gebieten der Fall. Ein Chronist der Zeit, der manche kleine, aus dem Leben gegriffene Züge bewahrt hat, berichtet, wie der Bremer Heinrich Bersing in der „gemeinen Herberge" zu Hamburg mit dem Lübecker Tileke Bodendorp in Streit geriet über die Vorzüge der beiden Städte. Der Lübecker begann über Bremen zu spotten, worauf der Bremer ihn mahnte, „daß er sich vor solchen Worten hüte und in Ruhe sein Bier trinke. Wärest du weise, du sprächest so töricht nicht, denn kein weiser Mann spricht so über gute Städte." Auf Tileke Bodendorps spöttische Frage, woher es denn komme, daß der Bremer Rat Gold und Pelzwerk trage, erwiderte Bersing, daß er das vom Kaiser habe, hundert Jahre früher, als die Lübecker das Recht gehabt hätten, Gold zu tragen. Tileke zieh sein Gegenpart der Lüge, worauf dieser ihm auseinandersetzte, daß die Bremer mit Gottfried von Bouillon nach dem heiligen Lande gezogen seien und dafür vom Kaiser die Bestätigung der drei herrlichen Rechte erlangt hätten, die ihr erster Bischof Willehad von Karl dem Großen erworben habe, nämlich, daß die Ratsherren Gold und Pelzwerk tragen dürften, daß man Bremer vor keinen Freistuhl laden könne, und daß die Stadt ihren Strom, die Weser, frei haben und schirmen dürfe bis zur salzigen See. Er zog den Lübecker vor dem Hamburger Rat, als dieser den Beweis für seine Behauptungen verlangte, und brachte von seinem heimischen Rat eine beglaubigte Abschrift jener gefälschten Urkunde Kaiser Heinrichs V., die von diesen Rechten berichtet. Die Vorstellungen des biederen Bürgers von der Geschichte seiner Vaterstadt, in denen sich übrigens die Auffassung der Zeit treu wiederspiegelt, sind kraus genug; aber von dem Stolz auf die Heimat und der Hingebung an sie legen sie ein vollgültiges Zeugnis ab. Es ließen sich deren zahlreiche beibringen. Nur noch der Sage sei gedacht, die sich an ein Relief an einem alten Patrizierhause der Königsstraße in Lübeck knüpft. Es stellt einen Reiter dar mit einem Glase in der Hand. Der Volksmund weiß zu erzählen, daß er spät abends vor das Haus des Bürgermeisters gesprengt kam und einen Trunk Wein verlangte. Als er den erhalten, zerschellte er das Glas an der Wand mit den Worten: „Dir, Glas, sage ich es und und keiner sterblichen Seele: Noch heute nacht wird Lübeck verraten." Er hatte Kunde erhalten von einem Anschlage auf die Stadt und geloben müssen, keiner sterblichen Seele etwas zu sagen. Dem dargestellten Pferde fehlt ein Hufeisen; hoch an der Wand des gegenüberliegenden Hauses findet sich ein solches eingemauert; nach der Sage flog es dort hinauf infolge des scharfen Rittes! Die Hingebung an Stadt und Staat, an das Gemeinwesen, die Gesamtheit tritt in den bürgerlichen Anschauungen mehr hervor als in den früheren Verhältnissen, wo die persönliche Treue auch für die öffentlich-rechtlichen Beziehungen das Entscheidende war. Da die gemeinsamen Interessen der Städte noch stark genug waren, um dem hochentwickelten Lokalpatriotismus das Gegengewicht zu halten, waren die Bedingungen für ein erfolgreiches Zusammenwirken gegeben. So sollte der hansische Bund, nicht lange, nachdem er unter diesem Namen in die Geschichte eingetreten war, sich schweren Aufgaben gewachsen zeigen und seine ruhmvollsten Tage erleben.

Knotenpunkt des hansischen Verkehrslebens war das innere Ostseegebiet und die Verbindung Lübeck-Hamburg. Hier liefen die Fäden zusammen, die einerseits nach Rußland, Livland und Schweden, anderseits nach Flandern, England und in den Westen führten. Der gewinnreiche schonensche Betrieb lag nahe; norwegische Interessen waren hier stark vertreten. Die Meeresstraßen zwischen Ost- und Nordsee gewannen mit der Entwickelung der Nautik eine erhöhte Bedeutung. Mit der Selbständigkeit der hier blühenden wendischen Städte war Bestand und Zukunft der Hanse selbst errungen und behauptet

Abb. 42. Das alte steinerne Gedenkkreuz für die 1361 gefallenen Gotländer, errichtet auf dem Felde östlich vor Wisby. Inschrift: Anno domini MCCCLXI feria III post Jacobi. (Vgl. Seite 62.)

worden. Die Frage nach dem Stande der Dinge im dänischen Reiche und in den nordalbingischen Landen war daher stets eine der wichtigsten für die Lage der Hanse.

Lübeck wie Hamburg waren auf dem Boden Holsteins erwachsen; sie haben sich nie völlig lösen können aus den Verhältnissen dieser Landschaft. Von den Aspirationen der Grafen ist schon die Rede gewesen. Indem die Städte sich wehrten, fanden sie natürliche Bundesgenossen an dem Bauernvolk der Dithmarschen, das der weicheren Landesherrschaft der bremischen Erzbischöfe den Vorzug gab vor dem festen Regiment der kräftigen Schauenburger, und an dem starken und trotzigen Landesadel, der der gräflichen Gewalt unbotmäßig genug gegenüberstand. Aber diese letztere Verbindung hatte nur Bestand, wenn es galt, den gemeinsamen Gegner zu bekämpfen. Gerhard der Große hat Holstein mächtig emporgebracht. Der Schleswiger Herzog Waldemar stand völlig unter seinem Einfluß, war 1326—1332 als dänischer König, zu welcher Stellung ihn der Graf emporgebracht hatte, eine Puppe in seinen Händen. Von ihm stammt die „Constitutio Waldemariana", die zugesteht, daß Schleswig, das doch ein Lehnsland Dänemarks war und blieb, nie wieder mit dem Königreiche unter einem Herrn vereinigt werden solle. Über weite Gebiete Dänemarks hatte Gerhard seine Herrschaft ausgebreitet. Als er 1340 durch Mörderhand fiel, fehlte eine Faust, die den holsteinischen Adel zügeln konnte. Trotz und Macht waren ihm in den Fehden, die er unter Gerhard durchgefochten hatte, noch gewachsen; in beiden Herzogtümern hatte er feste Schlösser zu eigen, zu Lehen, in Pfandbesitz. Seine Kriegs- und Beutelust wandte sich nicht zuletzt gegen die Städte.

Einzelne Angehörige des schleswig-holsteinischen Adels haben wohl mit Bürgerlichen Lübecks und Hamburgs gute Beziehungen unterhalten; der Stand als solcher fühlte sich im Gegensatz zu den Kaufmannsfamilien, deren Kapitalkraft ihnen gestattete, nicht wenige Landgüter an sich zu bringen. Dieser Gegensatz ist durch Jahrhunderte lebendig geblieben und darf nicht übersehen werden, wenn man besonders Lübecks Geschichte und die Wendung seiner Geschicke richtig beurteilen will. Nach dem Tode Gerhards des Großen fand er seinen Ausdruck in einer unerträglichen Unsicherheit der Handelsstraßen zu Wasser und zu Lande in den Herzogtümern und weithin im Königreiche, die adlige Wegelagerer und Piraten und ihre Helfershelfer verursachten. In den Städten regte sich der Wunsch, in Dänemark, dessen Königsmacht man nach dem Tode Erich Menveds nicht ohne Befriedigung hatte sinken sehen, wieder eine stärkere, zur Aufrechterhaltung des Landfriedens befähigte Gewalt am Ruder zu haben. „Ohne Zwang und ohne Steuer waren die Holsten nach dem Tode des tapfern, tugendreichen Grafen Gerd; zu Wasser und zu Lande taten sie den Kaufleuten manchen großen Schaden; unwillig ertrugen das die Städte," sagt der lübische Chronist.

Auf einem Fürstentage zu Lübeck im Mai des Jahres 1340 sind die näheren Bedingungen festgesetzt worden, unter denen Waldemar IV., bekannter als Waldemar Atterdag, wieder zurückgeführt werden sollte in das Reich, das sein Vater 1326 hatte räumen müssen, und das seit dem Jahre 1332 überhaupt keinen anerkannten König gehabt hatte. Sein Schwager, der brandenburgische Markgraf aus dem Wittelsbacher Hause, hatte dem jungen Manne im Exil eine Zuflucht gewährt und sich um seine Restitution besonderes Verdienst erworben.

Die Zeitgenossen selbst haben hervorgehoben, daß Dänemark dem Untergange nahe gewesen sei. Im Jahre 1332 hatte König Magnus von Schweden die Provinzen jenseit des Sundes besetzt; Fünen und Jütland waren zum weitaus größten Teile unter der Botmäßigkeit der holsteinischen Grafen, der Söhne Gerhards Heinrich und Klaus und seines Bruders Johann, sowie des Schleswiger Herzogs. Nur Seeland mit den Nebeninseln und die nördlichsten Syssel und Harden von Jütland konnte Waldemar Atterdag sein nennen. Und auch hier waren die Königsrechte stark geschmälert, das Krongut durch Verkauf und Verpfändung zusammengeschmolzen. Aber Waldemar Atterdag war der Mann, aus den Trümmern wieder ein wohnliches Haus zu gestalten. Klug und beharrlich, tapfer und verschlagen, erfindungsreich, in den Mitteln nicht wählerisch, vermochte er ein Gut nach dem andern wieder herbeizubringen. Nach zwanzig Jahren war er wieder Herr im Reiche, so ziemlich in dessen alten Grenzen; zuletzt hatte er, halb durch Gewalt, halb durch Verhandlung, König Magnus aus Schonen hinausgebracht, Das entlegene Estland hatte er preisgegeben, es dem Orden verkauft. Allerdings hatte er sich im Reiche nicht wenig Feinde geschaffen; der jütische Adel hatte dreimal gegen ihn in Waffen gestanden.

Die Städte haben die neue Wendung der Dinge als günstig angesehen. Sie hatten in den Jahren der Schwäche des Reiches ihre Freiheiten und Rechte, besonders auf Schonen, nicht unwesentlich erweitert. Magnus von Schweden hatte sich als neuer Machthaber dort keineswegs freundlich zu ihnen gestellt, und ihre übermütigen Bedränger, die holsteinischen Adligen, bei ihren neuen, jungen gräflichen Herren Rückhalt und Stütze gefunden. Noch im Jahre 1341 haben sich daher Lübeck und Hamburg zum offenen Kriege entschlossen, und die wendischen Städte haben dann als Bundesgenossen des Königs von Dänemark gegen die holsteinischen Grafen und Adligen und den mit ihnen verbündeten König von Schweden die Waffen ergriffen und bis in den Sommer

Abb. 43. Albrecht II. und III. von Mecklenburg, letzterer als König von Schweden.
Initial aus der Reimchronik des Ernst von Kirchberg im Schweriner großh. Archiv. (Zu Seite 65.)

1343 gefehdet. Weiterhin war nichts geschehen, was sie zu erheblichen Klagen über König Waldemar hätte veranlassen können. Als dieser Schonen zurücknahm, erschienen die Städte alsbald als Bittsteller um Bestätigung ihrer von König Magnus vielfach verletzten Privilegien.

Ihr Verlangen ward nicht erfüllt. Dagegen führte Waldemar einen Schlag, der die Städte nicht im Zweifel lassen konnte, daß er nicht mehr als Freund, sondern nur als Feind angesehen werden könne. Er bemächtigte sich im Juli 1361 der Insel Gotland und ihrer Hauptstadt, der Hansestadt Wisby.

Anlaß war ein neuer Zwist des Königs mit Schweden. Magnus' Sohn Hakon, der vom Vater nicht nur Schweden, sondern auch Norwegen zu erwarten hatte, war verlobt mit Waldemars Tochter Margareta. Der Gedanke der skandinavischen Union taucht auf, dessen Durchführung Margareta näher kommen sollte als irgend einer ihrer Nachfolger. Diesem Gedanken ist im Norden nirgends ein schärferer und nachhaltigerer Widerstand entgegengesetzt worden als beim schwedischen Adel, von dem man sagen kann, daß er es gewesen ist, der den Plan nach mehr als 150 jährigen Versuchen endgültig zum Scheitern brachte. Die Befürchtung, von der dänischen Aristokratie überflügelt und zurückgedrängt zu werden, ist der Hauptbeweggrund dieser Haltung. Schwedens Große waren es, die den schwachen, durch den Verlust Schonens völlig einflußlos gewordenen Magnus, dem der verächtliche Beiname Smek (Koser) beigelegt war, nötigten, die Verlobung des Thronfolgers mit Margareta durch eine solche mit der holsteinischen Elisabeth, einer Tochter Gerhards des Großen, zu ersetzen. Waldemars Antwort war der Angriff auf Gotland.

Noch heute zeigt ein Kreuz vor den Toren Wisbys das Feld, wo die Gotländer sich am 27. Juli 1361 dem Heere Waldemars entgegenstellten und in offener Feldschlacht erlagen. Es trägt auf der einen Seite (die andere: Abb. 42) die Inschrift: Ante portas Wisby in manibus Danorum ceciderunt Gutenses (vor den Toren Wisbys unter den Händen der Dänen fielen die Goten). Die Stadt hatte nicht mehr die führende Stellung des dreizehnten Jahrhunderts; ihr Stillstand bezw. ihr Niedergang hatte begonnen. Aber noch war sie reich:

> Nach Zentnern wogen die Goten das Gold,
> Zum Spiel dienten die edelsten Steine;
> Die Frauen spannen mit Spindeln von Gold,
> Aus silbernen Trögen fraßen die Schweine —

weiß die Sage zu singen. Mancherlei Wertsachen, Kostbarkeiten und Vorräte mochten durch den Handel hier aufgespeichert sein, zumal in der besten Jahreszeit. Sie wurden eine Beute König Waldemars. Die Sage weiß zu berichten, daß es ihm nicht glückte, sie heimzubringen; seine Schiffe habe in der Nähe der Karlsinseln der Sturm ereilt, mit genauer Not der König selbst das Leben gerettet, der reiche Raub sei in den Fluten versunken. Es waren die großen Karfunkel darunter, die in nächtlicher Beleuchtung aus dem Giebel der Nikolaikirche dem Seefahrer Stadt und Küste bezeichnet haben sollen; sie leuchten noch heute zur Nachtzeit aus der Tiefe!

Ratssendeboten der wendischen und preußischen Städte waren in Greifswald versammelt, als Waldemar seinen Angriff ausführte. Am 1. August, vier Tage nach dem Einzuge des Königs in die Mauern Wisbys, beschlossen sie ein Verkehrsverbot gegen Dänemark. Noch in demselben Monat vereinbarten die wendischen Städte nebst Stettin, Kolberg und Anklam ein Bündnis mit Schweden und Norwegen, denen sich die holsteinischen Grafen Heinrich und Nikolaus und der Schleswiger Herzog anschlossen, und verabredeten gemeinsamen Krieg gegen Dänemark. Sie wollten 48 Schiffe und 2400 Mann zusammenbringen, wozu dann die nordischen Könige noch weitere 2000 Mann stellen sollten. Durch Zuzug der Städte Hamburg, Bremen und Kiel erhöhte sich die hansische Streitmacht auf 52 Schiffe und 2740 Mann, ungerechnet die Bootsmannschaft. Die preußischen Städte wirkten durch Geldleistungen mit. Im April des nächsten Jahres waren sie im Sunde, um Kopenhagen anzugreifen, wandten sich aber auf den Wunsch der nordischen Verbündeten gegen Helsingborg, das damals noch allein die Einfahrt in den Sund deckte. Sie begannen es zu belagern, trotzdem die schwedisch-norwegische Hilfe ausblieb, und lagen zwölf Wochen vor der starken Feste, von der noch heute ein hoher Turm emporragt. Sie hatten, um zu Lande stark zu sein, die Flotte von Mannschaften entblößt. Die günstige Lage entging Waldemar nicht. Im Juli 1362 überfiel er die Schiffe der Städte und eroberte oder vernichtete sie fast vollständig, zugleich mit einer Anzahl Handelsfahrzeugen, die sich unter dem Schutze der Flotte gesammelt hatten. Zahlreiche Gefangene fielen in seine Hand.

Die Niederlage hat den Kriegsmut der Städte stark gedämpft. Es konnte im Augenblicke nicht fördern, daß man den vornehmsten Führer der Expedition, den Lübecker Bürgermeister Johann Wittenborg, der einer höchst angesehenen Familie angehörte, zur Rechen-

Abb. 44. Statuen König Albrechts von Schweden, Herzogs von Meklenburg, und seiner ersten Gemahlin Richardis in der Kirche zu Doberan. (Zu Seite 65.)

schaft zog. Er ward gefangen gesetzt und, nachdem seine Sache auf verschiedenen Tagfahrten verhandelt worden war, im Spätsommer 1363 auf dem Markte zu Lübeck durch Henkershand vom Leben zum Tode gebracht (Abb. 68). Eine spätere Zeit, die den Geist der Vorfahren nicht mehr recht verstand, frühestens das ausgehende sechzehnte Jahrhundert, läßt ihn hingerichtet werden, weil er die Insel Bornholm um einen Tanz mit der Königin den Dänen zurückgegeben habe. Er hatte alsbald nach seiner Niederlage mit Waldemar einen Waffenstillstand geschlossen, was mit zu seiner Verurteilung beigetragen haben mag. Das Abkommen ist aber nach Ablauf doch erneuert worden. Die preußischen Städte zogen ihre Geldleistungen zurück, indem sie sich weigerten, den vereinbarten „Pfundzoll" auf den Verkehr weiter zu erheben. König Waldemar kümmerte sich um die getroffenen Vereinbarungen, die dem Kaufmann gestatteten, seinem Erwerbe nachzugehen, wenig genug. Besonders auf den schonenschen Niederlassungen mußte man das erfahren. „Über die Maßen," berichtete im Herbst 1363 der Lübecker Vogt, „ist der gemeine Kaufmann zornig und betrübt, daß ein jeder so gebrandschatzt wird, wie es früher nie geschehen ist, und er beklagt sich über die Maßen sehr und sagt, daß schlecht für ihn gesorgt werde in den Verhandlungen, und bittet um Gottes willen, daß ihr anders verfahret und uns zurückschreibt, wie wir dieser großen Not widerstehen sollen."

Abb. 45. Grabplatte des Brun Warendorp.
In der Marienkirche zu Lübeck.
(Zu Seite 68.)

Dem Könige war es gelungen, Elisabeth von Holstein in seine Gewalt zu bringen, als sie auf der Fahrt nach Schweden durch Strandung an die schonensche Küste geworfen wurde. Er hatte das zu benutzen verstanden, um die beiden Gegner von Schweden und Norwegen, bei denen nicht viel Festigkeit und Zuverlässigkeit zu finden war, zu sich herüberzuziehen. Am 9. April 1363 ward in Kopenhagen die elfjährige Margareta dem Könige Hakon von Norwegen vermählt; der Grundstein der skandinavischen Union war gelegt. Den Städten fehlte es auch sonst nicht an Feinden; die meisten von ihnen waren in Sonderfehden mit benachbarten Fürsten und Adligen verwickelt. So fanden sie keinen anderen Ausweg, als nach wiederholter Verlängerung des Waffenstillstandes Frieden zu suchen. Er kam zu stande im September 1365 zu Wordingborg, einem Lieblingssitze Waldemars an Seelands Südküste, in dessen (wie die Sage will, um die Hansen zu höhnen) mit einer goldenen Gans geschmücktem Turme nicht wenige der hansischen Gefangenen eingekerkert gewesen waren. Die Städte mußten von den überlieferten oder beanspruchten Rechten und Freiheiten im Reiche einen nicht unwesentlichen Teil preisgeben.

Aber der Übermut Waldemars, der um so hochfahrender wurde, je mehr das Glück ihm lächelte, sorgte selbst dafür, daß die der Hanse nicht allzu günstige Lage keine dauernde wurde. Es wurden in den Städten bald die heftigsten Klagen laut über

Vertragsbruch und Vergewaltigung durch die dänischen Beamten. Und diesmal waren es nicht nur die benachbarten Städte, die wendischen und ihre nächsten Genossen; auch die Preußen und vom Westen her die süderseeischen Städte unter Kampens Führung drängten, daß etwas geschehe. Sie wollten ihren schonenschen Verkehr und die Fahrt durch die dänischen Gewässer gesichert sehen. Mit den Wendischen verabredeten sie für Martini des Jahres 1367 eine Zusammenkunft in Köln. Es ist die erste und einzige allgemeine hansische Tagfahrt, die dort gehalten worden ist, und die Wahl des Ortes zeigt deutlich genug, daß es besonders darauf ankam, auch den Westen mit hineinzuziehen in den Kampf gegen Waldemar. Die Ratssendeboten sollten bevollmächtigt kommen, den Krieg und seine Durchführung im einzelnen zu beschließen.

Schwerlich hätten die wendischen Städte diesen Schritt getan, wenn nicht inzwischen im Norden die Dinge eine ihrer Sache günstige Wendung genommen hätten.

An der Spitze Meklenburgs stand damals sein erster Herzog Albrecht II. (Abb. 43), dem die Landesgeschichte ebenfalls den Beinamen des Großen gegeben hat, und der ihn mit nicht geringerem Rechte führt als der holsteinische Gerhard. Es ist die Zeit, in der das deutsche Landesfürstentum eine gewaltige Tatkraft entfaltet und bedeutungsvoll eingreift in den Gang der europäischen Politik. Wenn Habsburger, Luxemburger, Wittelsbacher ihren Häusern Königskronen und Kurwürden erwerben konnten, warum nicht auch Holsteiner und Meklenburger? Herzog Albrechts Gemahlin Euphemia war die Schwester des Königs Magnus von Schweden. Er hatte in fortdauernder Verbindung mit diesem Lande gestanden. Als die den schwedischen Großen so mißliebige Heirat zwischen Hakon und Margareta vollzogen war, hat auf ihre Anregung Herzog Albrecht beschlossen, seinem Sohne die schwedische Krone zu verschaffen. Im Herbste des Jahres 1363 führte er, unterstützt vom holsteinischen Grafen Heinrich (die Landesgeschichte nennt ihn den „Eisernen") ein Heer hinüber. Man hatte Erfolg, hatte besonders auch die Bürgerschaft Stockholms für sich, in der die Deutschen eine so bedeutende Stellung einnahmen. Am 17. Februar 1364 ward Magnus von den Schweden abgesetzt und der junge Herzog Albrecht an seine Stelle gewählt (Abb. 44). Magnus und Hakon mußten weichen. Ein Versuch, den sie im Winter unternahmen, das Reich wieder zu gewinnen, endigte mit ihrer völligen Niederlage bei Enköping am 3. März 1365. König Magnus selbst geriet in Gefangenschaft.

Waldemar schien die Gelegenheit günstig, jetzt auch Halland und Bleking wieder zu gewinnen und vielleicht noch schwedisches Gebiet zu erwerben. Als der Friede mit den Holsteinern und den Städten geschlossen war — beschleunigt, weil Waldemar die Hände gegen Schweden frei zu bekommen wünschte —, fiel er ins Nachbarreich ein. Er errang Erfolge, und Albrechts Vater ließ sich, um den gefährlichen Gegner los zu werden, bewegen, am 28. Juli 1366 zu Alholm auf Laaland im Namen des Sohnes mit ihm einen Vertrag zu schließen, in dem er nicht nur auf Halland und Bleking, sondern auch auf die Insel Gotland und nicht unwesentliche Teile von Smaaland und Westgotland zu Gunsten des Dänenkönigs verzichtete. Die Durchführung des Vertrags hätte das dänische Halland mit dem norwegischen Wigen in fast ununterbrochene Verbindung gebracht und Schweden so gut wie vollständig von den Nordseegestaden ausgeschlossen, eine Gestaltung der Dinge, die Dänemark durch Jahrhunderte erstrebt, Schweden natürlich aus allen Kräften zu verhindern bemüht gewesen ist. Unmöglich konnte der junge Herrscher dieses Abkommen bestätigen; es wäre das Ende seiner schwedischen Stellung gewesen. Es ist daher nicht zur Ausführung gekommen, und die Gegnerschaft Waldemar Atterdags und Albrechts von Schweden stand fest, natürlich auch, daß der letztere von seinem Vater und Heinrich dem Eisernen unterstützt werden würde.

Es war diese Lage, die in den wendischen Städten den Entschluß gereift hatte, den Krieg mit Waldemar neu aufzunehmen. Die weniger entschiedenen Maßregeln, die zunächst von den Preußen ins Auge gefaßt waren, lehnten die Wendischen ab. Sie treten sehr deutlich als die Leiter der hansischen Politik hervor, die die Sachlage am richtigsten würdigen und den rechten Zeitpunkt zu wählen und zu benutzen wissen.

Zum festgesetzten Termine traten die Vertreter der Städte in Köln zusammen. Es waren für die Wendischen Ratsherren von Lübeck, Rostock, Wismar und Stralsund, für die Preußen solche von Kulm, Thorn und Elbing, für die Süderseeischen von Kampen, Harderwijk, Elborg. Außerdem hatten sich Ratssendeboten der beiden holländischen Städte Amsterdam und Briel eingefunden, die Hanseglieder nicht waren, aber gleich anderen aus ihrer Landschaft in lebhaftem Verkehr mit Schonen und durch den Sund in die Ostsee standen. Es waren also nur zehn Hansestädte, die an diesem vielleicht wichtigsten Bundesakte der ganzen hansischen Geschichte selbsttätig Anteil nahmen, vielleicht nicht einmal soviel, da bezweifelt werden kann, daß die genannten süderseeischen Städte damals wirklich zur Hanse zählten. Allerdings hatten die vertretenen Städte Vollmacht für eine Anzahl landschaftlicher Genossen.

Die Verhandlungen haben in dem in den siebziger Jahren restaurierten oberen Rathaussaal stattgefunden, der davon noch heute „Hansesaal" benannt wird. Ihr Ergebnis war die sogenannte „Kölner Konföderation" vom 19. November 1367. Sie enthält nichts als Verabredungen für den beabsichtigten Krieg.

Die Städte wollten 41 Schiffe mit 1950 Bewaffneten aufbringen, also nicht unwesentlich weniger als im Jahre 1362. Von diesen kamen 30 (10 Koggen und 20 kleinere Fahrzeuge) auf die wendischen und die mit ihnen zusammengestellten livländischen Städte, fünf Koggen auf alle sechs preußischen, eine Kogge und zwei „Rheinschiffe" auf Kampen, wieder eine auf die übrigen süderseeischen Städte und zwei auf die seeländisch-holländischen, im ganzen also 19 Koggen, 2 Rheinschiffe und 20 kleinere Fahrzeuge. Jede Kogge sollte mit 100 gut bewaffneten Leuten bemannt sein, darunter mindestens 20 Schützen mit starken Armbrusten. Die Bemannung der kleinen Schiffe („Schuten" und „Snikken") wird nicht in Anschlag gebracht. Warum die Ausrüstung, obgleich von einem viel größeren Kreis von Städten gestellt, so wesentlich hinter der des Jahres 1362 zurückblieb, kann nur vermutet werden. Die norddeutschen Städte waren in diesen Jahren schwer von der Pest heimgesucht. Lübeck entschuldigte sich am 12. März 1368, daß es „keine Ratsherren zum Kaiser schicken könne wegen der Seuche und der entsetzlichen Sterblichkeit, die leider in diesem Jahre die Hälfte des Rats und eine ungeheure Zahl der Bürger hingerafft habe." Das ist kaum ohne Einfluß auf die Rüstungen geblieben.

Der Feldzugsplan ward genau verabredet. Die Nordseeflotte sollte am 2. April zum Auslaufen bereit sein und sich dann bei Marstrand sammeln, die Ostseeflotte am 9. April fertig bei der Insel Hiddensee liegen. Im Sunde sollten sich beide vereinigen; die Handelsschiffe, die hindurchfahren wollten, sollten gut bewaffnet sein, sich selbst zu verteidigen. Zur Deckung der Kosten wurde, wie 1361 in Greifswald, ein „Pfundzoll" beschlossen, so benannt, weil die Abgabe bestimmt wurde auf der Grundlage der Pfundwährung, so daß z. B. 1361 von jedem Pfund Groten (Groschen) des Wertes der Waren vier englische Pfennige festgesetzt wurden. Der Wert der Schiffe wurde halb so hoch besteuert als der der Waren. Dem Verfahren lag der Gedanke zu Grunde, der in der Geschichte der Städte immer wiederkehrt, daß nötig werdender außergewöhnlicher Aufwand zu tragen sei von denjenigen Kreisen, deren Interessen ihn erheischten, und die von ihm den Vorteil hätten. Auffallend und nicht genügend zu erklären ist die Geringfügigkeit der Auflage, deren Ertrag hinter dem Bedarf weit zurückbleiben mußte. Sie beträgt noch nicht $1/2$ Prozent des Wertes der belegten Gegenstände. Die Art der Erhebung und Verteilung ward genau bestimmt.

Deutlich tritt in der Bündnisurkunde wieder die Sonderstellung der wendischen Städte hervor. Die Preußen und die Süderseeischen behalten sich ausdrücklich vor, daß ihnen keinerlei Kosten oder Nachteil erwachsen sollen aus dem Verhältnis der wendischen Städte zum Könige von Schweden, zu Herzog Albrecht von Meklenburg, Graf Heinrich von Holstein oder zu irgend einem anderen Herren, entsagen aber andererseits auch allen Vorteilen, die sich etwa aus Bündnissen mit diesen Fürsten ergeben könnten. Es ist nicht zu verkennen, daß die Träger einer großen, umsichtigen Politik in diesem hansischen Bündnis die wendischen Städte sind.

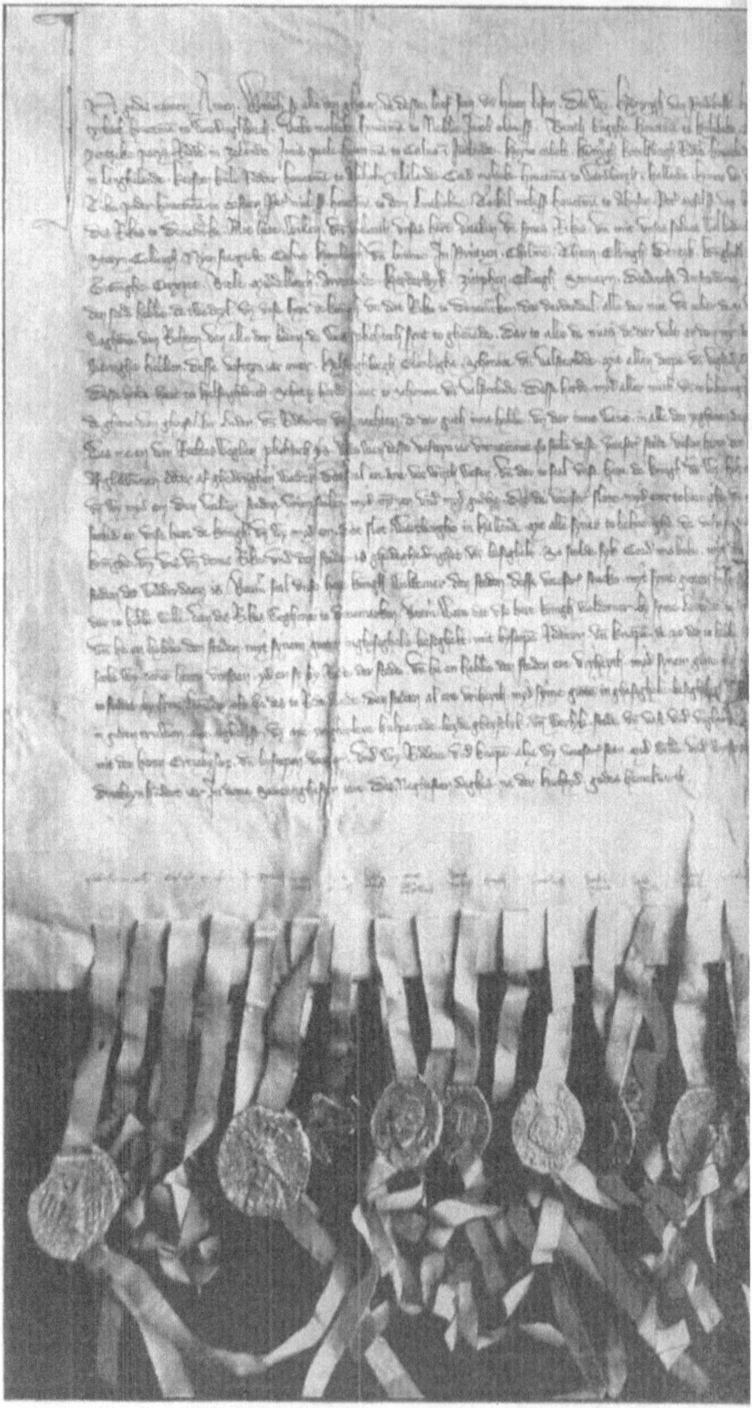

Abb. 46. Urkunde des Friedens zu Stra[lsund]

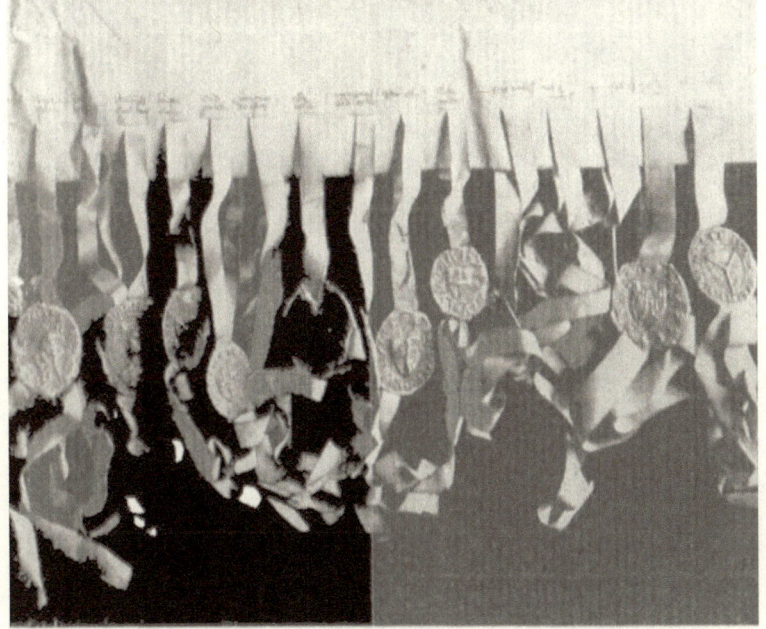

Abb. 47. Das Rathaus zu Bremen, davor der Roland. (Zu Seite 90.)

In den weiteren Maßnahmen tritt noch ein anderer charakteristischer Zug der hansischen Lage deutlich zu Tage. Die Städte unterließen nicht, wie auch der König ähnliches nicht versäumte, sich bei Kaiser und Papst, bei den Königen von England und Polen und bei zahlreichen weltlichen Herren und Fürsten (im ganzen 27) über Waldemar Atterdag zu beklagen, dessen Gewalttaten „mehr nach einem Tyrannen und Piraten als nach einem Könige aussähen". In dem Schreiben an Kaiser Karl IV. rechtfertigt Lübeck sich, daß es seinen Feinde Waldemar im letzten Jahre nicht die ihm verpfändete Reichssteuer der Stadt entrichtet habe; der König strebe danach, Lübeck dem Kaiser und dem Reiche zu entziehen; leider wohne der Kaiser zu fern, seine schwache und verlassene Herde mit bewaffneter Macht zu schützen; seine bewährte Leutseligkeit möge es daher nicht übel nehmen, wenn die Städte mit Gottes gnädiger Hilfe etwas zu ihrer Verteidigung täten. Kurz zuvor hatte die Stadt auf eine Aufforderung zum Romzuge ablehnend geantwortet und sich mit ihrer eigenen großen Not entschuldigt, dabei aber nicht vergessen, die in solcher Aufforderung liegende Ehre gebührend zu würdigen.

In Köln war verabredet worden, daß die Versammelten auch andere nicht vertretene Städte zur Mitwirkung auffordern sollten. In der Bündnisurkunde werden außer den erwähnten 12 noch weitere 31 Städte aufgezählt, an die die Aufforderungen zu richten seien, darunter drei holländische und seeländische, so daß also 38 Städte in der Urkunde genannt werden, die als Hansestädte angesehen werden können. Die Aufforderungen haben aber nur einen sehr teilweisen Erfolg gehabt. Mehrere der im ersten Kriege Mitwirkenden haben sich diesmal zurückgehalten; es gehörten dazu sogar Hamburg und Bremen, die sich mit besonderen Bedrängnissen entschuldigten. Da aber im Osten die Preußen und Livländer, im Westen die Süderseeischen mittaten und Holländer und

Seeländer sich anschlossen, so ist die Beteiligung an diesem Kriege eine weit allgemeinere geworden, die allgemeinste an irgend einem Kriege, den die Hanse bezw. den norddeutsche Städte vereinigt geführt haben. Es waren aber nur die seefahrenden Glieder des Bundes; daß binnenwärts gelegene Städte mitgewirkt hätten, läßt sich, abgesehen von Livland, nicht nachweisen. Ihre Bürger wurden in den Seestädten, auf Schonen und in Bergen, wo sie übrigens kaum sehr zahlreich vertreten waren, zum Pfundzoll herangezogen; das war alles. Deutlich zeigt sich hier wieder der hansische Grundsatz, daß die Lasten zu tragen hatten, die den Vorteil zogen, und daß der Bund der Städte ein Staatenbund in modernem Sinne nicht war.

\* \*

Der Erfolg des zweiten „waldemarischen" Krieges ist ein glänzender gewesen. Das hatte man nicht zuletzt den umfassenden Verbindungen zu danken, welche die wendischen Städte geknüpft hatten. Zu Schweden, Mecklenburg und Holstein trat der Schleswiger Herzog und, was von besonderer Wichtigkeit war, der jütische Adel, der sich jetzt wieder offen gegen Waldemar erhob. Des Königs Versuch, zugleich die Grenzen und Rechte des Reiches nach allen Seiten hin auszudehnen und daneben die Macht der Krone auf Kosten des selbstherrlichen Adels mächtig emporzuheben, sollte scheitern. Sein Gelingen hätte mehr Maß und Besonnenheit erfordert, als Waldemar zu Gebote stand. Hätte er das Ziel etwas näher gesteckt, er hätte, zu seines Landes Wohl, Erfolg haben mögen.

Der König hat den geplanten Angriff nicht abgewartet. Er hat am 6. April 1368 sein Reich verlassen und sich zunächst nach Pommern gewandt; „wegen seiner Verbrechen, getrieben von göttlicher Rache, aus freien Stücken, ohne daß ihn jemand verfolgte," sagt die Chronik des Erzbischofs von Lund. Es ist nicht zu bezweifeln, daß er keine Möglichkeit des Widerstandes sah.

Die Gegner hatten nun freie Hand. Am 2. Mai haben die Städter Kopenhagen genommen, damals noch eine dürftige Ortschaft, die sich an das von den Bischöfen von Roeskilde erbaute Schloß anlehnte. Waldemar hatte Ort und Schloß an sich gebracht, um über den so günstig gelegenen, von der Insel Amager gedeckten Hafen verfügen zu können. Die Städter versenkten diesen jetzt mit Steinschiffen, ihn unbenutzbar zu machen für den Feind. Dann wandte man sich nach Schonen und begegnete dort dem Könige Albrecht, der die getroffenen Verabredungen besser hielt als sein Vorgänger Magnus. Falsterbo und Skanör, Malmö und Lund, Ystad und Cimbrishamn wurden genommen. Albrecht sah sich als Herr des Landes an und bestätigte die Privilegien der verbündeten Städte und der Niederländer in weitestem Umfange. Möen, Laaland, Falster wurden danach angegriffen und auch diese Inseln gewonnen. Die Süderseeschen und Niederländer hatten auf der Herreise die Küste Norwegens, dessen König zum Schwiegervater hielt, geplündert und verwüstet, so daß Hakon bald um Stillstand nachsuchte. Die Holsteiner ergossen sich nach Jütland.

Den Winter über blieben die Städter im Felde. Im September 1369 ergab sich ihnen nach langer Belagerung auch Helsingborg, das von Anhängern Waldemars, zumeist, wie es scheint, deutschen Adligen, unter Führung des rügenschen Ritters Vicko Moltke lange verteidigt worden war. Vergebens hatte sich Waldemar nach Hilfe umgesehen. Der dänische Reichsrat knüpfte jetzt Verhandlungen an, die im Stralsunder Frieden vom 24. Mai 1370 ihren Abschluß fanden. Der oberste Führer des städtischen Heeres, der Lübecker Bürgermeister Brun Warendorp, war am 21. August 1369 in Schonen aus dem Leben geschieden. Eine Erztafel mit Inschrift, die ihm der Dank seiner Mitbürger in der Rats-, der Marienkirche, setzte, bewahrt, noch heute erhalten, sein Andenken (Abb. 45).

Die 500jährige Gedenkfeier des Stralsunder Friedens, die am 24. Mai 1870 von Geschichtsfreunden althansischer Städte in Stralsund begangen wurde, gab Anlaß zur Begründung des blühenden, um hansische und norddeutsche Geschichtsforschung hochverdienten „Hansischen Geschichtsvereins". Der Friede ist in der Tat einer der

Abb. 48. Reste des Ratsgestühls von Bremen. (Zu Seite 90.)

bedeutendsten Erfolge, den die Hanse jemals errungen hat, und eins der wichtigsten Ereignisse ihrer Geschichte.

Er bestätigt in allem Wesentlichen die bisher erworbenen Rechte. Aber er bestätigt sie nicht nur, er sucht Bürgschaften aufzurichten für ihre Sicherung. Er bringt zu diesem Zwecke die Herrschaft über den Sund in die Hände der Hanse, wenigstens für die nächsten 15 Jahre. Es wird bestimmt, daß die Städte für diese Frist zwei Drittel aller Einkünfte zu Stanör, Falsterbo, Malmö und Helsingborg beziehen sollen, und um ihnen dieses Zugeständnis zu sichern, sollen ihnen die genannten Schlösser mit sieben umliegenden Harden ausgeliefert werden. Da sie nach der Einnahme von Helsingborg das Schloß Kopenhagen zerstört hatten, wie schon früher den Ort, so verfügten sie jetzt zugestandenermaßen über alle festen Plätze am Sunde. Was vereinbart war, sollte Waldemar bis spätestens Michaelis 1371 besiegeln, wenn er „bei seinem Reiche bleiben wolle". Ja sogar für die Zukunft suchte man sich vorzusehen. Der Reichsrat sollte nach Waldemars Tode keinen König annehmen ohne die Einwilligung der Städte, und ohne daß diesen erst das Vereinbarte besiegelt worden sei.

Es waren glänzende Erfolge; sie erhoben die Hanse auf den Höhepunkt ihrer Macht. Aber es lag in der Natur der Dinge, daß die gewonnene Stellung keine unumstrittene sein konnte, und daß das Erworbene immer neu errungen werden mußte.

Waldemar hat die geschlossenen Verträge mit unwesentlicher Verspätung zu Stralsund im Oktober 1371 besiegelt, allerdings nicht, wie verabredet war, mit des Reiches großem, sondern mit dem kleineren „heimlichen" Siegel, dem „Sekret". Sein Versprechen, das noch Ausstehende nachzuholen, hat er nicht gehalten. Als er ins Reich zurückgekehrt war, begannen bald wieder die alten Klagen, besonders über grobe Mißbräuche in der Handhabung des Strandrechtes. Hansische Ratsherren waren gerade in Dänemark, Beschwerde zu führen und auf der verheißenen Besiegelung zu bestehen, als der König im Oktober 1375 starb. Auch mit Norwegen hatte man nur zu Stillstandsverlängerungen, nicht zu einem festen Frieden gelangen können. Die Hindernisse, die Waldemars 22jährige Tochter Margareta zu überwinden hatte, bevor sie ihren fünfjährigen Sohn Olaf zur Anerkennung bringen konnte, machten sie einer freundlicheren Haltung geneigt. Als Olaf gewählt war, ist in seinem Namen im August 1376 die Besiegelung vollzogen und mit Norwegen ein förmlicher Friede geschlossen worden.

Eine andere Schwierigkeit ergab sich aus der Verwaltung der erworbenen Schlösser. Borgholm auf Öland, das König Magnus den Städten 1361 als Bürgschaft für die

Abb. 40. Das Wassertor (Innenansicht) zu Wismar.
(Zu Seite 90.)

Abb. 50. Die Heiligengeiststraße zu Lüneburg. (Zu Seite 90.)

in Greifswald übernommenen Verpflichtungen übergeben hatte, war von diesen dem Rostocker Ratmann Friedrich Suderland zur Bewahrung anvertraut worden. Er hatte sich 1366 bewegen lassen, es König Hakon auszuliefern, und seinen Leichtsinn gebüßt wie Johann Wittenborg seine Niederlage. Die Schlösser am Sunde übergab man, nach einem abermals nicht befriedigenden Versuche der Selbstverwaltung, an den derzeitigen dänischen Reichsverweser, den ebenfalls aus Rügen stammenden Henning von Putbus, mußte aber bald die Erfahrung machen, daß er sie mehr zu seinem eigenen und des Königs Vorteil verwaltete als zu dem der Städte und dazu noch seine Ansprüche an diese fortwährend steigerte. Als die Zeit der Rückgabe herankam, hatten sie einen nicht unbedeutenden Schaden zu verzeichnen. Der Bund war derartigen Aufgaben doch nicht gewachsen.

Abb. 51. Haus zu Stralsund aus der Hansezeit.
(Zu Seite 90.)

Und er erwies sich auch keineswegs stark genug, die nordischen Dinge nun dauernd zu regeln, wie es seinen Interessen am meisten entsprochen hätte. König Olaf ist 1387 im Alter von 16 Jahren gestorben. Zunächst als Vormünderin, dann als Selbstherrscherin hat Margareta, die „Semiramis des Nordens", in fast vierzigjähriger Regierung Dänemark und Norwegen, deren Verbindung sie vollendete, geleitet. Seinen Bericht über die Rückgabe der Schlösser im Jahre 1386 leitet der lübische Chronist mit den Worten ein: „Damals erhielt die Königin von Norwegen das Reich Dänemark ganz zurück, wie es ihr Vater König Waldemar nur je besessen hatte. Das wußte sie mit großer Klugheit anzustellen; es ist hoch zu verwundern bei einer Frau." Sie hat es verstanden, die Macht der Hanse in Schranken zu halten, offenen Konflikt mit ihr zu vermeiden, doch aber ihren Einfluß im Norden zurückzudrängen.

Stark ist die Hanse auch in Mitleidenschaft gezogen worden durch den langen Krieg, den Margareta mit König Albrecht um Schweden führte. Er endete mit der Niederlage und Gefangennahme des Königs bei Falköping im Jahre 1389; er hatte auf dem festen Schlosse Lindholm in Schonen eine fast siebenjährige Haft zu erdulden. Die mecklenburgische Heimat und ihre Städte Rostock und Wismar haben dem Könige lange offene oder heimliche Unterstützung gewährt. Nach Kriegen ist es stets schwierig gewesen, die Sicherheit der See wieder herzustellen. Die kampf- und beutelustigen Elemente, die als Söldner oder Kaper ihrer Neigung hatten nachgehen können, waren nicht so leicht wieder zur Ruhe zu bringen. In dem wechselreichen Streit um die Herrschaft im Norden, der dem Tode Waldemars folgte, sind sie besonders auf ihre Rechnung gekommen. Durch mehrere Jahre drehte sich der Kampf um das wegen seiner starken deutschen Bevölkerung König Albrecht ergebene, von seinen Feinden belagerte Stockholm. Die Unterstützung der bedrängten Stadt mit Lebensmitteln (vitalie in mittelalterlichem Niederdeutsch) hat den gefürchteten „Vitalienbrüdern" den Ursprung gegeben, die bald keinen Unterschied machten zwischen Freund und Feind. Sie konnten sich sogar Gotlands bemächtigen und Wisby zu einem Räubernest machen, bis es der Hochmeister Konrad von Jungingen ihnen 1398 entriß. Die Städte wurden fast alljährlich zu umfassenden Rüstungen gezwungen, den friedlichen Schiffer und Kaufmann nur einigermaßen zu decken.

Aus der Ostsee, wo es seinen Ursprung nahm, hat das Unwesen, dessen Wahlspruch wurde „Gottes Freund, aller Welt Feind", in den neunziger Jahren sich auch nach der Nordsee verbreitet. Hier fand es eine neue Nährquelle in den Streitigkeiten der Friesen untereinander und mit dem Grafen von Holland. Die so wichtige Küstenfahrt von der Elbe und Weser nach den Niederlanden wurde auf das empfindlichste gestört. Einzelne Persönlichkeiten aus diesem wilden Treiben hat die Sage in Lied und Erzählung festgehalten, so vor allem den wahrscheinlich aus Wismar stammenden Klaus Stortebeker und den Godeke Michels. Beide hat ihr Geschick bald nacheinander im Jahre 1401 ereilt. Sie wurden von Hamburger „Friedeschiffen" unter der Führung von Ratsherren auf der Außenweser nach verzweifelter Gegenwehr überwunden und in Hamburg auf offenem Markte mit je 70—80 ihrer Genossen hingerichtet. Kaum je haben Nord- und Ostsee wieder so unruhige und gefahrvolle Zeiten erlebt wie in den Tagen der Vitalienbrüder und Likendeeler, wie die Piraten wegen der angeblich gleichmäßigen Beuteteilung auch genannt worden sind.

## V.

Trotz alledem bleibt aber die Tatsache bestehen, daß die Hanse durch ihre Erfolge im zweiten waldemarischen Kriege zu einem anerkannten Faktor der nordeuropäischen Politik geworden ist. Als Kaiser Karl IV., der durch seinen neuen brandenburgischen Besitz starke norddeutsche Interessen und überhaupt ein feines Gefühl für die realen Machtverhältnisse hatte, im Jahre 1375 Lübeck besuchte (er war der erste und einzige Kaiser, der nach Barbarossa die Trave- oder irgend eine andere Seestadt betreten hat), soll er nach dem Berichte des lübischen Chronisten die Ratsherren „Herren" angeredet und auf ihren Einwand, daß ihnen das nicht zukomme, erwidert haben: „Ihr seid

Abb. 52. Rathaus und Nikolaikirche zu Stralsund. (Zu Seite 90.)

Herren." Die Erzählung können wir nach unserer Kenntnis vom Brauche der Zeit als glaubwürdig nicht anerkennen, aber sie belegt trotzdem die veränderte Einschätzung, die dem Haupt der Hanse zu teil wurde. Es ist nicht bedeutungslos geblieben, daß im Norden die Dinge in diesen Jahren doch eine andere Wendung nahmen als im Süden. Hier sind die Städte unterlegen im Kampfe gegen Ritter und Adel; Döffingen und Eschborn entschieden, daß die oberdeutschen Städte eine größere politische Rolle nicht spielen sollten. Ihre Bündnisse verlieren die allgemeinere Bedeutung. Der Hanse ist es, wie gleichzeitig der Eidgenossenschaft, gelungen, sich eine reichere und bewegtere Zukunft zu sichern. Seit den Tagen der Kölner Konföderation ist sie unleugbar die Vertreterin der deutschen Interessen zur See. Sie war völlig hineingewachsen in die Stellung, auf die die Entwickelung eines Jahrhunderts vorbereitet hatte, eine Stellung, die man am besten charakterisiert als das mittelalterliche Deutschland auf dem Meere.

Die Wandlung hat sich vollzogen, ohne daß die Organisation einen vertragsmäßig, urkundlich gesicherten Fortschritt gemacht hätte. Die Kölner Konföderation ist alles andere eher als eine moderne Bundesakte, und doch ist sie das Höchste, was in der Richtung eines formellen Zusammenschlusses je erreicht worden ist. Sie ist mehrmals erneuert worden auf kürzere oder längere Zeit. Zunächst hat die Tatsache, daß der Stralsunder Friede noch nicht vollgültig besiegelt war, dann der gemeinsame Besitz der schonenschen Schlösser dazu Anlaß gegeben. So wurden weit voneinander entfernte und in ihren Interessen vielfach auseinandergehende Städte durch längere Zeit zusammengehalten, länger und umfassender als das je vorher und nachher geschehen ist. Außer den durch das Bündnis und den Krieg gemeinsamen Angelegenheiten wurden auch andere erwogen und durch Beschluß erledigt. Die Versammlungen wurden häufiger, besonders die größeren, und entsprechend der Rolle, die Lübeck und die wendischen Städte im Kriege gespielt hatten, wuchsen sie mehr hinein in eine führende Stellung. Das geschieht, trotzdem die Mitgliedschaft der Kölner Konföderation sich keineswegs mit der Teilnahme an der Hanse deckt. Jene war nur geschlossen zur Erreichung eines bestimmten, für alle Beteiligten erstrebenswerten Zieles; der Erfolg hatte aber den allgemeinen Zweck der Hanse, Vertretung des deutschen Kaufmannes im Auslande, weit über das zunächst in Frage stehende Gebiet hinaus gefördert und ist so für die Entwickelung der Hanse von entscheidender Bedeutung geworden.

Die Kölner Konföderation enthält keinerlei organisatorische Bestimmungen; sie setzt nur fest, was für den beschlossenen Krieg notwendig erscheint. Auch später hat sich nie etwas entwickelt, was einer vereinbarten Bundesverfassung auch nur ähnlich sähe. Die hansischen Statuten von 1417 können als solche nicht bezeichnet werden. Doch hat der überlieferte Brauch sich fester eingebürgert, je häufiger er in Übung kam, und es entwickelten sich Formen, die nicht vertragsmäßig begründet waren, doch aber zur festen Regel wurden. Allgemeinere, über einen landschaftlichen Kreis hinausgehende Versammlungen sind durch die waldemarischen Kriege notwendig geworden; als die Kölner Konföderation erlosch, waren sie eine Art stehender Einrichtung. Sie sind zu allermeist in Lübeck, nie westlich von Bremen oder östlich von Stralsund gehalten worden, auch nie in einer Binnenstadt. Sie fanden keineswegs alljährlich statt, mehr als einmal im Jahre sehr selten. Die Entlegenheit der ferner Wohnenden machte häufigeres Tagen sehr schwierig, fast unmöglich, wie denn für die Wahl Lübecks oder eines Nachbarortes als Versammlungsplatz geographische Gründe nicht zuletzt mitwirkten. Es sind Zeiträume von zehn und mehr Jahren vergangen, z. B. von 1476 bis 1487, ohne daß eine allgemeine Versammlung, ein „Hansetag", gehalten worden wäre, und diese Perioden sind keineswegs die ungünstigsten der hansischen Geschichte gewesen. Vollzählig hat man sich nie versammelt; die best besuchte Tagfahrt war wohl die vom Jahre 1447, auf der 38 Städte vertreten waren.

Die Führung, die die wendischen Städte mit Lübeck an der Spitze (doch mit Ausschluß von Hamburg und zum Teil auch von Lüneburg) in den Kriegen gegen Waldemar übernommen hatten, haben sie bewahrt. Allgemeine Tage wurden von ihnen vorberaten und beschlossen; sie laden dazu ein, entwerfen die Tagesordnung, die „Artikel". Lübeck führt auf den Hansetagen den Vorsitz, „hält das Wort". Diese Stellung ist vereinzelt von Köln angefochten worden, aber so sehr ohne Erfolg, daß Lübeck sie nicht einmal zu verteidigen brauchte; die allgemeine Stimme bestätigte auf das entschiedenste den überlieferten Brauch. So gingen denn auch die meisten hansischen Schreiben unter Lübecks Siegel hinaus, und die Antworten liefen dort ein, um dann abschriftlich an die Hauptorte weiter gegeben zu werden, von diesen, je nach Wichtigkeit und Bedarf, an die kleineren. Die für die Gesamtheit erworbenen Privilegien wurden auf der Lübecker Trese, einem festen Gewölbe in der Marienkirche, verwahrt und ruhen dort noch jetzt. Für die Erforschung hansischer Geschichte ist daher Lübecks Archiv weitaus das wichtigste. Es war natürlich, daß Lübeck auch an Gesandtschaften nach auswärts am meisten beteiligt war. Kosten und Mühen, die dadurch erwuchsen, sind mehr als einmal von ihm hervorgehoben worden, doch haben Ehre und Vorteil der Stellung zu viel Gewicht gehabt, als daß das gelegentliche Sträuben, sie weiter zu bekleiden, als voller Ernst gefaßt werden dürfte.

Unterschrift: Dat ken kramer ist, de bliuf da buten, oder ik schla em up de schnuten.

Abb. 58. Holzschnitzerei vom Krameramtsstuhl in der Nikolaikirche zu Stralsund. (Zu Seite 90.)

\*

Indem die Gesamtheit an anerkannten Übungen und Bräuchen gewann, hoben sich doch auch die Sondergruppen deutlicher ab. In den ersten gemeinsamen Verhandlungen mit Flandern 1252 traten die Kaufleute auf zusammengefaßt um einen mittleren, einen westlichen und einen östlichen Kern: Lübeck, Köln und Wisby. In der gleichen Gliederung erscheinen, wiederum in flandrischen Fragen, ein Jahrhundert später die Städte selbst, nur daß eine engere, durch die Entlegenheit auffällige Verbindung zwischen den preußischen, um 1252 noch kaum in Frage kommenden, und den westfälischen Städten besteht. Dieselbe Verbindung tritt auch in der Kölner Konföderation wieder deutlich hervor, nur daß die Süderseeischen sie jetzt im Westen vertreten. Sie läßt sich auch noch weiter verfolgen, ohne daß man doch einen genügenden Erklärungsgrund für sie findet. Daß Gemeinschaft von Handelsinteressen, wie sie durch Warenaustausch speziell zwischen Preußen und niederrheinischen Gebieten gegeben war, mitgewirkt hat, ist wohl kaum zu bezweifeln.

In die Dritteilung hat das Ausscheiden Wisbys eine empfindliche Lücke gerissen; weder Danzig, noch Riga ist in die gleiche Stellung eingetreten. Diese Einteilung verschwindet völlig mit dem ausgehenden vierzehnten Jahrhundert. Die landschaftliche Gruppierung kommt zu voller Herrschaft, ohne daß man doch jede einzelne Stadt einer bestimmten Gruppe zurechnen könnte. Zumeist erscheint in jeder ein Ort als führender, als „Vorort", so bei den livländischen Städten Riga, bei den preußischen Danzig, das über die älteren Genossen Kulm und Thorn emporwächst, bei den sächsischen Braunschweig. Bremen, Stade, Buxtehude gehören keiner besonderen Gruppe an, bilden auch keine für sich, ebensowenig die pommerschen Städte. Für alle Westlichen behauptet Köln dauernd die Vorortsstellung. Unter ihm sind geeinigt die westfälischen Städte mit Dortmund und Soest als Führern, die overijsselschen (des Bischofs von Utrecht) Städte unter Kampen, die kleveschen, unter denen Wesel als vornehmste erscheint, und die gelderschen, von denen sich keine unterscheidend hervorhebt. Stavoren, Sneek, Bolsward, Gröningen, Hindelopen stehen im allgemeinen abseits, neigen zum Teil den Holländern zu. Hier im Westen tritt die territoriale Zugehörigkeit unverkennbar hervor, bildet auch häufig die Grundlage für Tagungen. Landschaftliche Städtetage kommen überhaupt neben den allgemeinen stark empor und verhandeln nicht immer ausschließlich hansische Angelegenheiten. Doch kommt die Bezeichnung als Hansestädte, „Städte von der deutschen Hanse", in steigenden Gebrauch; sie ist für die einzelnen Orte am meisten angewandt worden, als der Bund sich schon zu lockern, ja eigentlich aufzulösen begann. Auch einzelne Gruppen bezw. deren Vororte haben Verhandlungen mit Auswärtigen geführt, auf Anregung oder im Auftrag eines Hansetages oder auch aus eigenem Antrieb; besonders ist das von Livland aus in Rußland, von Köln und dem Rhein her in Flandern und England geschehen.

Bei den Versammlungen galt eine bestimmte Rangordnung; sie in allen Einzelheiten festzustellen, ist nicht möglich. Sie ist auch zweifellos kein Ergebnis eines einzelnen Beschlusses, sondern aus der Übung hervorgegangen. Alter und Bedeutung der Städte haben ihre Grundlage gebildet. Reichsfreiheit und Stellung in der kirchlichen Hierarchie spielten eine Rolle. Der Lübecker Rat wies den Sendeboten bei ihrem ersten Zusammentreten im Rats-, dem jetzt wieder hergestellten „Hansesaal", ihre Plätze an, allerdings nicht immer ohne Einspruch zu erfahren. Streitigkeiten um die „Session" sind auf den hansischen Tagfahrten nicht weniger häufig und nicht weniger lebhaft als auf anderen Versammlungen der Zeit geführt und oft in Menschenaltern nicht entschieden worden. Die größeren Städte waren auf den Tagen in der Regel durch zwei, die kleineren durch einen Ratsherren vertreten; jene begleitete meist der Stadtschreiber, der „Sekretär". Nur Ratsglieder wurden zu den Versammlungen zugelassen, Sekretäre nur in deren Begleitung, allein auch dann nicht, als gegen Ende des Mittelalters die gelehrte juristische Bildung und der hochangesehene Titel eines Doktors beider Rechte unter dieser Beamtenklasse häufiger wurden.

In den leitenden Städten ist es seit dem Ausgange des fünfzehnten Jahrhunderts Brauch geworden, sich einen mit solcher Bildung und dem Doktortitel ausgestatteten „Syndikus" zu halten. In dieser Stellung haben einzelne Persönlichkeiten eine rege Tätigkeit entfaltet und sich nicht geringe Verdienste erworben, so besonders der Humanist Albert Krantz, Syndikus von Lübeck und Hamburg, und auch als Hamburger Domherr noch mehrfach in wichtigen Verhandlungen für die Städte tätig, gestorben 1517. Mit dem Kölner Heinrich Sudermann, der bisher Ratsherr seiner Vaterstadt gewesen war, trat 1552 ein gesamthansisches Syndikat in Funktion. Trotzdem sein erster Inhaber in hingebender Tätigkeit und in klarer Erfassung seiner Aufgabe das Größte leistete, war er doch zugleich der letzte. Die wenigen Monate, die der Osnabrücker Johann Domann kurz vor seinem Tode (1618) das wiederaufgerichtete Amt inne hatte, kann man kaum noch zählen. Bis gegen Ende des Mittelalters herrscht in den Ratskollegien der Hansestädte das kaufmännische Element so gut wie ausschließlich; die mit Humanismus und Renaissance eindringende juristische Bildung hat in verschiedenen Formen Einfluß gewonnen, eine gleiche Geltung aber nie zu erringen vermocht.

Der Gang der Verhandlungen auf den Tagfahrten wird erkennbar in den „Recessen", die zwar entfernt nicht vollzählig, doch aber in großer Menge von allgemeinen und partikularen Tagen erhalten sind. Sie sind jetzt, begleitet von allem mit ihnen in Zusammenhang stehenden Aktenmaterial in der großen Sammlung der „Hanserecesse" in 21 starken Bänden bis zum Jahre 1516 vollständig gedruckt und werden bis zum Jahre 1530 in dieser Weise veröffentlicht werden. Es ist nicht als bloßer Zufall zu betrachten, daß die älteste uns erhaltene und wohl überhaupt vorhanden gewesene Receßhandschrift, die Lübecker, die jetzt auf dem seeländischen Schlosse Ledraborg bewahrt wird, mit den Greifswalder Vereinbarungen vom September 1361 beginnt. Die Recesse sind nicht eigentlich das, was ihr Name besagt, Abschiede; sie sind Protokolle, die einen mehr oder weniger summarischen schriftlichen Niederschlag der Verhandlungen darstellen und den Gegensatz der Meinungen und Interessen nur gelegentlich mit erwünschter Deutlichkeit erkennen lassen. Persönlichkeiten treten in ihnen so gut wie gar nicht hervor; man bekommt mehr ein Bild des Fertigen als des Werdenden. Sie sind in der uns erhaltenen Form nicht unmittelbar bei den Verhandlungen hergestellt worden; von solchen Originalprotokollen haben wir nur ganz vereinzelte Bruchstücke. Was uns bewahrt ist, sind Abschriften, die auf der Lübecker bezw. der Kanzlei, deren Stadt die Sendeboten bei sich versammelt sah, hergestellt und den Hansegliedern auf Verlangen gegen Erlegung der Kanzlei- und Schreibgebühren übermittelt wurden. Auf diese Weise sind nicht wenige Städte im Besitz von Recessammlungen gekommen und bewahren sie noch heute.

Zu besonders schnellen und klaren Ergebnissen haben die Verhandlungen hansischer Tagfahrten selten geführt. Aber nur wer völlig unbekannt ist mit dem Gange, den

Abb. 54. Ruinen von Schloß Hammershus auf Bornholm.

Unterhandlungen damaliger Zeit, und besonders in bündischen Angelegenheiten, zu nehmen pflegten, kann sich darüber wundern. Mit ungenügender Vollmacht auf Tagfahrten kommen oder solche vorschützen, war etwas ganz Gewöhnliches, auch in manchen Fällen nicht leicht zu vermeiden oder zu umgehen. Das „ad referendum nehmen, hinter sich bringen", ist ja fast sprichwörtlich geworden. An Umständlichkeit und Ergebnislosigkeit taten es die hansischen den gleichzeitigen Reichstagsverhandlungen noch lange nicht gleich, und wenn es sich um Dinge handelte, die eine Entscheidung forderten, fanden die wirklich Beteiligten fast immer Mittel, eine solche herbeizuführen.

Nach dem Gesagten bedarf es kaum noch besonderer Erwähnung, daß es eine entwickeltere finanzielle Ordnung oder irgend etwas, was einer Wehrverfassung ähnlich sah, nicht gab. Es hat weder eine hansische Flotte, noch ein hansisches Heer existiert, und nie hat die gesamte Hanse einen Krieg geführt. Jede militärische Unternehmung beruhte auf besonderer Vereinbarung und fand als Teilnehmer stets nur einzelne Glieder des Bundes. Das gilt von eigentlichen Kriegszügen wie von den zahlreichen Ausrüstungen, die bestimmt waren, die See zu „befrieden", den sogenannten „Friedeschiffen", oder zu Lande den Kaufmann zu schützen. Bundesfinanzen oder eine wirkliche Bundeskasse hat es nie gegeben, überhaupt keinerlei ständigen Bundesbeamten, abgesehen von dem erwähnten Syndikus. Gegen Ende des fünfzehnten Jahrhunderts hat man auf Hansetagen versucht, eine Matrikel zur Geltung zu bringen; diesen Versuchen verdanken wir die besten Listen über die Städte, die als Glieder der Hanse angesehen und zu den Tagen geladen wurden. Einzeln ist die Matrikel auch für kleinere Kreise zur Anwendung gekommen, aber eine ständige, fest geordnete Beitragspflicht hat man nicht durchzuführen vermocht.

So ist die Verbindung stets eine lose, in Form und Handlung schwankende gewesen und geblieben, von der man kaum sicher sagen kann, daß sie je irgend eine Maßregel in völlig geschlossener Einheit durchgeführt habe. Moderne Vorstellungen von staats- und völkerrechtlichen Bildungen sind auf die Hanse schlechterdings nicht anwendbar. Es liegt nahe, sie mit der gleichzeitig emporgekommenen Eidgenossenschaft zu vergleichen, die zu völliger Loslösung vom Reiche und zu einer staatlichen Neugründung gelangte. Wenn die Hanse diesen Weg nicht durchmaß, so sind weniger Verfassungsverhältnisse die Ursache, als der Mangel einer gleich konzentrierten Lage und der mit einer solchen verbundenen festeren Interessengemeinschaft. Verglichen mit den süddeutschen Städten gelangte die Hanse auf diesem Wege verhältnismäßig weit.

Der Aufgabe, die Einheit gegenüber dem Auslande zu vertreten, der einzigen wirklich allgemeinen des Bundes, in der sein Wesen gleichsam beschlossen ist, zeigte er sich auch in seiner losen Form lange Zeit, durch volle anderthalb Jahrhunderte nach den waldemarischen Kriegen, im wesentlichen gewachsen. Deutlicher trat nach diesen Kriegen hervor, daß die Hanse sich zur vornehmsten Handelsmacht Nordeuropas entwickelte. Sie gelangte auf den besprochenen Verkehrsgebieten zu überwiegender, teilweise sogar zu ausschließlicher Geltung. Besonders tritt das gegenüber den Skandinaviern hervor. Diese, einst die gefürchteten, meerbeherrschenden Seefahrer, verschwinden fast vollständig aus der Schiffahrt in Ost- und Nordsee; ihr Verkehr mit anderen Gebieten als den deutschen Nachbarstädten selbst wird so gut wie ausschließlich von Fremden, ganz überwiegend aber von den Hansen besorgt. Auf den schonenschen Niederlassungen hört man immer weniger von Engländern, Flamen und Franzosen, die sonst neben den Deutschen erschienen waren; in Bergen behaupten sich neben ihnen nur noch die Holländer. In Flandern, England und Rußland bewahren sie fortgesetzt mindestens die alte Stellung. Von den Kaufleuten und Schiffern dieser Nationen hatten die russischen wohl schon im dreizehnten Jahrhundert aufgehört, diesseits der Ostsee zu erscheinen, die Flamen und Engländer werden im fünfzehnten seltener als im vierzehnten. Der Verkehr nach Westfrankreich, die Baienfahrt, erscheint besonders im fünfzehnten Jahrhundert in Blüte, und man bemüht sich, mit Spanien (Biscaya) in direkten Verkehr zu treten unter Umgehung der spanischen Niederlassung in Brügge.

Die Mittel, mit denen dieser Stand der Dinge erreicht und behauptet wurde, waren zunächst und ganz überwiegend friedliche. Die Hanse ist, wenn man die kurzen Tage Wullenwebers ausnimmt, nie kriegslustig gewesen, wie Handelsstaaten das überhaupt nicht zu sein pflegen. Sie haben zu erwägen, daß man sich im Frieden viel bieten lassen kann, ehe das Maß von Opfern erreicht ist, das selbst ein minderer Krieg unumgänglich fordert. „Lasset uns tagfahrten," sagt zu Anfang des sechzehnten Jahrhunderts ein lübischer Ratsherr, „das Fähnlein ist leicht an die Stange gebunden; aber es kostet viel, es in Ehren wieder abzunehmen." Landsknechte und ihre Führer waren unbotmäßige, zuchtlose und anspruchsvolle Leute, die zu regieren und zu befriedigen den städtischen Autoritäten um so schwieriger wurde, je mehr das adlige und fürstliche Element unter jenen zur Geltung kam. Man hat sich daher im allgemeinen schwer, recht schwer zum Kriege entschlossen, sich manches bieten lassen, ehe man zu diesem letzten Mittel griff, dann auch gern sich durch Bündnisse mit Fürsten gestärkt. In der Tat sind Kriege, die man als hansische bezeichnen kann, wiederholt nur mit Dänemark und Norwegen geführt worden, mit England nur ein einziges Mal, mit Rußland und Flandern gar nicht. Die kriegerischen Verwickelungen mit Schweden unter den Wasas gehen eigentlich nur Lübeck an. War ein derartiger Krieg einmal eröffnet, so verlangten die Mitwirkenden auch von den übrigen Gliedern des Bundes Abbruch des Verkehrs

mit dem Feinde und
gaben ihrer Forderung nötigenfalls
durch Zwangsmaßregeln Nachdruck.
Völlige Lahmlegung
des Handels des befehdeten Landes suchte
man um so energischer
und rücksichtsloser
durchzusetzen, als man
einerseits zu verhindern hatte, daß Konkurrenten „sich in
die Nahrung setzten",
anderseits die Handelsbeziehungen in
der Regel so notwendige Erfordernisse
betrafen, daß ihr Aufhören eine der empfindlichsten Wunden
war, die man dem
bekämpften Reiche
schlagen konnte. Es
galt für den Seekrieg
nach hansischer Auffassung der Grundsatz: „Feindlich Schiff
macht feindlich Gut,
und feindlich Gut
macht feindlich Schiff."

Abb. 55. Das Krantor zu Danzig. (Zu Seite 90.)

Rascher entschlossen als zu wirklichem Kriege waren die Städte zum Einschreiten
gegen Piraterie, die zu völligem Erlöschen in den hansischen Zeiten kaum je gekommen
ist. Da säumte man nicht und scheute sich auch nicht zuzugreifen, über Bord zu
werfen und zu köpfen, wenn man wissen oder vermuten konnte, daß, wie es nicht selten
der Fall war, hinter den Räubern fürstliche oder andere hohe Gönner steckten. An der
Nordsee waren die friesischen Küsten mit ihren verworrenen Häuptlingsverhältnissen im
fünfzehnten Jahrhundert durch Jahrzehnte Sitz einer gefährlichen Seeräuberei,
die von Hamburg und Bremen ebenso beharrlich wie entschlossen niedergekämpft wurde.
Neue Nahrung gewann das Unwesen, zur See wie zu Lande, besonders durch die
Sitte der Zeit, nach welcher der einzelne es als sein Recht ansah, Städten oder Fürsten,
von denen er vergewaltigt zu sein glaubte, Fehde anzusagen. Mit großer Energie haben
auch oft einzelne Städte ihr Recht gegen auswärtige Machthaber in offener Fehde verfochten, eine Kriegführung, die dann völlig die Form der Kaperei annahm und eben
deshalb unbedenklich gewagt werden konnte, da in ihr mehr zu gewinnen als durch
Preisgebung des gewohnten friedlichen Verkehrs zu verlieren war. Der Bund hat sich
gegenüber derartigem Vorgehen meist neutral verhalten.

Als Maßregel, die ohne Bruch des Friedens Achtung vor den Rechten der Hanse
erzwingen konnte, ist das Verkehrsverbot in Anwendung gekommen. Besonders gegen
Rußland und Flandern ist es wiederholt und meist mit Erfolg durchgeführt worden.
Beabsichtigten Feindseligkeiten ging es regelmäßig voraus.

So verschieden die Formen und Verhältnisse waren, unter denen sich die Beziehungen zu den fremden Nationen abspielten, so mannigfaltig waren die Zerwürfnisse, durch die sie von Zeit zu Zeit gestört wurden. In Nowgorod und sonst an russischen Orten hatte man besonders mit plötzlichen Aufwallungen despotischer Fürstenlaunen und leicht erregbarer Volksleidenschaften zu rechnen. Für Schädigungen, die russischen Leuten in deutschen Gebieten widerfuhren, sind oft Repressalien am Kaufmann versucht und genommen worden; auch ohne das erlitt er gelegentlich widerrechtliche Behandlung. Die Beschaffenheit der gelieferten Waren und die Art ihres Austausches ergaben nicht selten Differenzen; man begegnete sich beiderseitig mit großem Mißtrauen. Wie die Verhältnisse lagen, konnte der Kaufmann sein Recht nur wahren, indem er Nowgorod oder Pleskau oder beide Orte räumte und den Verkehr einstellte. In der Regel hat das nicht allzu schwer zur Aussöhnung geführt.

Häufiger und nicht selten langwieriger waren die Verwickelungen mit Flandern, speziell mit Brügge. Die Stadt ist wiederholt bemüht gewesen, Stellung und Rechte des Kaufmanns einzuschränken, ihn heranzuziehen zu den öffentlichen Lasten. Die häufigen und zum Teil erbitterten Zerwürfnisse mit den Landesherren haben dazu besonders Anlaß geboten; sie verschuldeten nicht zuletzt den Niedergang Brügges im Laufe des fünfzehnten Jahrhunderts. Die Kriege, die diese Landesherren, seit 1385 die Herzöge von Burgund, mit fremden Machthabern führten, haben auch nicht selten störend eingegriffen in den Gang der Dinge. Kapereien, die den Hansen schuldgegeben wurden, sind gelegentlich Anlaß geworden zu Vergeltungshandlungen. Der Verkehrsabbruch, mit dem die Hanse erlittenem Unrecht zu begegnen suchte, nahm durchweg die Form einer Verlegung des Stapels und Kontors an, in früherer Zeit nach Aardenburg auf seeländischem, später nach Dordrecht auf holländischem, Antwerpen oder Bergen op Zoom auf brabantischem Gebiet. Mit der Rückberufung war in der Regel eine Neuordnung der gegenseitigen Beziehungen verbunden. Daß sie erfolgte, dafür pflegten doch auch die anderen in Brügge vertretenen Nationen ihren Einfluß einzusetzen, weil sie die Unterbrechung des Warenaustausches nach dem Osten als eine empfindliche Schädigung verspürten.

Schärfere und mit der Zeit sich mehr und mehr zuspitzende Konflikte haben sich aus den Beziehungen zu den Engländern ergeben. Seit dem dreizehnten Jahrhundert hat dieses, bis dahin fast ausschließlich auf den agrarischen Betrieb gestellte Volk sich auch in weiter aussehenden Handelsunternehmungen versucht. Der schon den Angelsachsen nicht unbekannte Weg in die Ostsee ward neu betreten; besonders knüpften sich mit Preußen engere Verbindungen. Ihren Bedarf an östlichen Waren (das Eibenholz zu den berühmten Langbogen gehörte dazu) deckten die Engländer aus diesem Lande, das auch ihre Fürsten und Adligen als Kreuzfahrer besuchten. So wurde unter den Ostseestädten Danzig diejenige Stadt, die die lebhaftesten Beziehungen zu England unterhielt. Die Engländer hatten andererseits in Danzig eine eigene Gesellschaft mit eigenem Hause und selbstgewähltem Vorsteher.

Ein Volk, das so kräftig vorwärts strebte wie das englische und so sehr gewöhnt war, seine Sache selbst in die Hand zu nehmen, konnte sich nicht damit zufrieden geben, daß ein wesentlicher Teil seines Handels in fremdem, deutschem und italienischem, Besitz war. Schon früh im fünfzehnten Jahrhundert tauchte die Forderung auf, der 250 Jahre später Cromwells Schiffahrtsakte Geltung verschaffte, daß fremde Schiffe nur „ihre eigenen", nämlich die in ihrer Heimat erzeugten Waren nach England bringen sollten. Eine leidenschaftliche Schmähschrift, „The libel of English policy", verficht ziemlich gleichzeitig die Ansprüche der Einheimischen unter bitterem Hohn und Spott auf die Fremden. Speziell in den Klagen gegen die Hansen, die in der Zeit vom Stralsunder Frieden bis zu den Tagen der Königin Elisabeth kaum je völlig verstummen, begehrte man vor allem, in ihren Städten die gleichen Rechte zu haben wie der hansische Kaufmann in England. Im Jahre 1379 wünschten die englischen Kaufleute in den hansischen Verband und die hansischen Rechte aufgenommen zu werden. In den Städten beharrte man dem gegenüber auf der Erklärung, daß dieser Forderung nur genügt werden könne im Rahmen

Abb. 56. Haus der großen Gilde in Reval. (Zu Seite 90.)

der in den Städten bestehenden Ordnung, die Fremden untersagte, mit Fremden zu handeln, und die deren Verkehr überhaupt auf die Städte beschränkte. Besonders Danzig geriet auf diese Weise in scharfen Gegensatz zu England; es wollte weder den direkten Warenaustausch mit Fremden in seinen Mauern, noch den Klein- oder den Landhandel gestatten. Daß die Engländer aus Bergen weichen mußten, konnte ihre Stimmung gegen die Hansen auch nicht verbessern.

Die Rivalität kam in mancherlei Zusammenstößen zum Ausdruck. Wenn es galt, sein Recht mit Gewalt zu vertreten, gab der Engländer dem Hansen an Willkür und Rücksichtslosigkeit jedenfalls nichts nach. Über Mißhandlung und Überfall, Raub und Mord wird herüber und hinüber geklagt, unverkennbar doch häufiger mit Recht von seiten der Hansen als der Engländer. In Übertreibung und Entstellung von Hergängen, in spitzfindigen Ausreden und Einwänden, die nicht selten der offene Hohn waren, zeigten sie sich den Hansen zweifellos überlegen. Natürlich hat es an Vergeltung und Vergeltungsversuchen von beiden Seiten nicht gefehlt. Dazu war man fortgesetzt bemüht, den deutschen Kaufmann in England zu neuen Leistungen heranzuziehen, seine Privilegien einzuschränken, bedrohte und schädigte ihn gelegentlich auch an Leib und Gut. Die Unsicherheit der inneren Zustände, die Unruhen, von denen das Land besonders in den mittleren Jahrzehnten des fünfzehnten Jahrhunderts heimgesucht wurde, vermehrten die Schwierigkeiten und Gefahren. Durch die fast ununterbrochenen Kriege mit kontinentalen Mächten wurde der hansische Handel, der wesentlich darin bestand, den Warenaustausch mit dem Festlande zu vermitteln, in stärkste Mitleidenschaft gezogen, besonders bei Streitigkeiten mit den burgundischen Herzögen.

Am 23. Mai 1449 ist eine Baienflotte von über 100 Schiffen, unter denen wohl die Hälfte hansische, nahe der Insel Wight von englischen Freibeutern mitten im Frieden genommen worden. Die Geschädigten griffen alsbald zu Repressalien, und es entwickelte sich durch mehrere Jahre ein Fehdestand, ohne daß der Friede förmlich gekündigt war. Aus anderem Anlaß kam es zwanzig Jahre später zum offenen Bruch. Um Vergeltung zu üben für Raub und Plünderung und für Ermordung des königlichen Vogts, begangen von englischen Schiffern und Fischern auf Island im Sommer 1467, hat König Christian I. von Dänemark im nächsten Jahre im Sunde vier reich beladene, nach Preußen bestimmte englische Schiffe wegnehmen lassen. Die Ausleger, die von den Engländern als Vollbringer der Tat angesehen wurden, hatten früher in Danziger Diensten gestanden, und in England wurde behauptet, sie hätten auf Anstiften des deutschen Kaufmanns gehandelt. Am 29. Juli 1468 setzte man die Insassen des Stahlhofs zu London gefangen und ließ sie erst im Februar des nächsten Jahres wieder frei. Lübeck, das am englischen Handel um diese Zeit nicht allzu stark mehr beteiligt war, hat auch diesmal zunächst simuliert. Aber Danzig und wahrscheinlich auch Hamburg schritten alsbald zu einem energischen Kaperkriege. Als König Eduard IV. im August 1470 das Reich verließ, um auf dem Festlande Zuflucht zu suchen, wäre er fast von hansischen Ausliegern gefangen genommen worden. Hansische Schiffe waren es auch, die ihn im nächsten Frühling, jetzt

Abb. 57. Das Rathaus zu Frankfurt a/O.
(Zu Seite 90.)

für den König Partei
nehmend, nach Eng-
land zurückführten.
1472 hat sich auch
Lübeck am Kriege be-
teiligt, allerdings ohne
Glück; seine Schiffe
fielen nach einem
rühmlich bestandenen
Gefecht mit den Fran-
zosen im Kanal durch
Unachtsamkeit den
Engländern in die
Hände. Im April
1473, als schon Ver-
handlungen im Gange
waren, hat dann der
vielgenannte Danziger
Paul Beneke mit
einem besonders gro-
ßen Schiffe, dem „gro-
ßen Krawel", unter
der englischen Küste
ein überaus reich be-
frachtetes, von Brügge
kommendes, der floren-
tinischen Handelsgesell-
schaft der Portunari
gehöriges Schiff, den
„St. Thomas", weg-
genommen, zu dessen
Ladung auch Hans
Memlings noch jetzt
die Danziger Marien-
kirche zierendes „Jüng-
stes Gericht" gehörte
(Abb. 62—64). Am
28. Febr. 1474 ward
zu Utrecht ein Friede
geschlossen, der den
Hansen noch einmal
alle ihre Rechte bestä-

Abb. 58. Das Rathaus zu Tangermünde. (Zu Seite 90.)

tigte, während die Engländer von ihren Forderungen auf deutschem Boden nichts durchsetzten.

Von dauerndem Verzicht konnte bei ihnen natürlich nicht die Rede sein. In den ersten Monaten des Jahres 1486 richteten Kaufleute, Schiffer und Bewohner der Hafenstädte von England eine Eingabe an das Parlament, die auseinandersetzt, wie die Engländer verhindert würden, in hansischen Landen Handel zu treiben, wie die Hansen sie auch von Norwegen und Island verdrängt und den Handel nach den Niederlanden völlig in ihre Hand gebracht hätten; sie müßten eingeschränkt werden, dürften nicht mehr soviel Handel mit Waren treiben, die nicht ihren eigenen Landen entstammten. Die Eingabe schließt mit den Worten: „Es wäre besser für das ganze englische Reich, die Besserung dieser Dinge mit offenem Krieg und Streit zu versuchen, was es auch kosten mag, als sich selbst so verzagend verderben sehen."

Mit Dänemark-Norwegen haben hansische Städte im fünfzehnten Jahrhundert einen zweiten harten Strauß bestanden. Die Umwälzungen in diesem Lande trafen den Kern des Bundes zu unmittelbar, als daß sie nicht zu entschiedener Stellungnahme hätten drängen sollen.

Margareta hatte es durchgesetzt, Herrin des gesamten Nordens zu werden. Blieb die Kalmarische Union von 1397 auch nur ein Stückwerk, so hat die gewaltige Frau doch in Schweden festeren Fuß gefaßt als irgend einer ihrer Nachfolger. (Abb. 65.) In den Hansestädten hat man nicht zu hindern gesucht, erst zu spät erkannt, daß die Entwickelung Gefahren in sich berge. Es war ein Glück für die Hanse, daß Margaretas Nachfolger, Erich von Pommern, Enkel ihrer Schwester Ingeborg, den sie zum Könige hatte wählen lassen, und der nach ihrem Tode 1412 an ihre Stelle trat, von ihren Gaben wenig oder nichts besaß. Doch hatte man trotzdem keinen leichten Stand mit ihm. Der König verbiß sich alsbald in einen erbitterten Streit mit den Grafen von Holstein um das Herzogtum Schleswig. Die benachbarten Städte vermieden es lange, Partei zu nehmen. Sie sahen sich zuletzt vom Könige selbst dazu gedrängt, und da konnte die Entscheidung nicht anders fallen, als daß sie auf die Seite der Holsteiner traten. Im Herbst 1426 schritten sie zum offenen Kriege gegen Erich. Es war aber viel weniger ein hansischer Krieg als einst der gegen Waldemar. Nur die wendischen Städte und widerstrebend vereinzelte pommersche nahmen teil; die sächsischen schickten zwar ihren Fehdebrief, enthielten sich aber aller Leistungen (Abb. 66). Preußen und Livländer suchte man vergeblich zur Mitwirkung zu bewegen. Der Krieg ließ sich anfangs auch schlecht genug an. Ein in der Nacht vom 28. zum 29. Mai 1427 voreilig unternommener Sturm auf Flensburg mißglückte, und die städtische Flotte, die am 11. Juli 1427 vor Kopenhagen den Kampf mit den Dänen aufnahm, unterlag. Die hamburgischen Schiffe gerieten in dem seichten Fahrwasser auf Grund, worauf der Lübecker Bürgermeister das Gefecht abbrach und sich mit dem Reste der Schiffe zurückzog. Die Folge war, daß eine starke Baienflotte, die im Vertrauen auf die hansische Kriegsmacht im Sunde herangesegelt kam, in die Hände der Dänen fiel, nur wenige Stunden, nachdem ihre Landsleute die Heimfahrt angetreten hatten. Der Hamburger Bürgermeister Johann Kletzeke erlitt daheim den Henkerstod; den Lübecker Tidemann Steen retteten seine Genossen nur dadurch vor dem Zorn der Gemeinde, daß sie ihn gefangen setzten. In Rostock und Wismar hatte das Mißgeschick eine Amtsentsetzung des Rats zur Folge.

Doch haben die Wendischen trotzdem die See behauptet; sie den Dänen zu überlassen, kam ihnen nicht in den Sinn. Die Rüstung für das Jahr 1428 war fast dreimal so groß wie die für 1427. Man versenkte die Einfahrt in den Kopenhagener Hafen und plünderte Bornholm. Verwegene Freibeuter, unter denen Bartolomeus Voet und Magister Paul Schütte sich einen Namen gemacht haben, verfochten die Sache der Städte mit zum Teil glänzendem Erfolge. Voet plünderte dreimal Bergen, wo der Kaufmann von sich aus schon vor Beginn des offenen Krieges Schloß und Bischofshof eingenommen hatte. Trotzdem war die Kriegslust bei den Bürgerschaften nur eine mäßige; sie hat selten eine lange Probe ausgehalten. Im Jahre 1430 schlossen Rostock und Stralsund nacheinander Sonderfrieden. Lübeck blieb aber fest und setzte mit den treu gebliebenen Genossen den Krieg noch volle fünf Jahre fort, zu nicht geringem Leidwesen aller Städte, die am Ostseehandel beteiligt waren. Im Wordingborger Frieden von 1435 erlangten sie die alte Stellung zurück; aber der Sundzoll, dessen Erhebung König Erich 1429 begonnen hatte, wurde nicht beseitigt. Er hat bestanden bis 1857. Indem die wendischen Städte für sich Freiheit von der neuen Auflage ausbedangen, trennten sie sich in einer eminent hansischen Sache von den übrigen Gliedern des Bundes, wenn auch nicht ohne deren Schuld. Während des Krieges hatten sie es empfunden, daß die Eingliederung Schwedens in die skandinavische Union bis zu einem gewissen Grade durchgeführt war. — (Abb. 67.)

Da König Erich sich in seinen Reichen unmöglich machte, setzte ihn der Reichsrat 1438 im Einvernehmen mit den wendischen Städten ab. Er entwich nach Gotland, das nach der Niederwerfung Wisbys durch Waldemar und nach der kurzen Besitzergreifung durch den deutschen Orden (1398—1410) wiederholt ein Unterkunftsort für Friedensstörer und eine Räuberherberge gewesen ist. Von dort vertrieben, fand er eine Zuflucht in Rügenwalde, wo er 1459 im Alter von 77 Jahren, also wohl als ältester König, den das Mittelalter gesehen hat, gestorben ist. Seine Nachfolger, der Wittelsbacher Christoph III., Erichs Schwestersohn, und der Oldenburger Christian I., der seine Herkunft auch aus Svend Estridsens Stamm ableiten konnte, haben den überlieferten und natürlichen Gegensatz zu den deutschen Ostseestädten ebenfalls wiederholt zu kräftigem Ausdruck gebracht. Daß im Jahre 1460 nach dem Aussterben der Schauenburger Holstein und Schleswig durch die Wahl der Stände in die Hand der oldenburgischen Königsfamilie gerieten, war auch keine der Hanse günstige Wendung. Aber andererseits gewann die skandinavische Union immer mehr den Charakter der Disunion. In Schweden wurde nach Christophs Tode 1448 Karl Knutsson zum besonderen König gewählt und widerstand lange allen dänischen Angriffen. Gegen seinen Nachfolger Sten Sture erlitt Christian I. 1471 am Brunkeberge vor

Abb. 59. Messing-Grabplatte des Bürgermeisters Johann Lüneburg († 1461) und seines gleichnamigen Sohnes, des Ratsherrn († 1474) in der Katharinenkirche zu Lübeck.

Stockholm eine völlige Niederlage. Die Reichshauptstadt hatte unter den Dänengegnern wieder in vorderster Reihe gestanden. Der Friede mit der Hanse blieb erhalten, trotzdem die Beziehungen wiederholt die gespanntesten wurden und Danzig ein Hauptstützpunkt für Karl von Schweden war; die skandinavischen Schwierigkeiten gaben Dänemarks König vollauf zu tun.

## VI.

So war das fünfzehnte Jahrhundert für die Hanse ein mannigfach bewegtes, nicht weniger als das vierzehnte. Faßt man einzelne Zeitpunkte ins Auge, so findet man kaum einen, von dem man sagen könnte, er sei wolkenfrei und ungetrübt gewesen. Aber das lag fast unvermeidlich in der Natur der Dinge und der Zeiten, die für stetige, völlig rückschlaglose Entwickelung nur allerbeschränktesten Raum boten. Neben manchem Widerwärtigen, Abträglichen hatte man auch Erfreuliches, Förderliches zu verzeichnen, neben Demütigungen auch Tage stolzen Erfolges. Das Jahrhundert ist alles in allem genommen doch das glücklichste gewesen, das die Hanse durchlebt hat. Von Niedergang kann nicht die Rede sein. Man behauptete den Platz, den man errungen hatte, die erste Stelle unter den seefahrenden, handeltreibenden Nationen Nordeuropas.

In dieser Zeit sind auch die Formen hansischen Geschäftsbetriebes zu voller Ausbildung gekommen. Schon in seinem ersten Beginn hat er sich über den Tauschhandel

Abb. 60. Bergenfahrerstuhl in der Marienkirche zu Lübeck. (Zu Seite 90.)

hinausgehoben; der ist nur noch im Osten und in Norwegen längere Zeit in Übung gewesen, doch auch unter Berechnung des Geldwerts. Münze als Wertmesser und Zahlungsmittel war allgemein, und die Städte, besonders die leitenden, haben sich nicht geringes Verdienst erworben um die Festlegung der Valuta und ihre Erhaltung auf erträglicher Höhe. Die unendliche Mannigfaltigkeit im Münzwesen verbietet ein näheres Eingehen; es sei nur darauf hingewiesen, daß die skandinavischen Staaten das lübische Münzwesen annahmen und daß das Kölner Pfund eine grundlegende Bedeutung gewonnen hat für weite Gebiete. Auf die Höhe des italienischen Bankwesens sind die Hansen nicht gelangt, wie ihnen denn überhaupt eigentliche Geldgeschäfte fern gelegen haben. Operationen, wie sie um die Scheide des Mittelalters und der Neuzeit die Augsburger durchführten, sind von ihnen nie versucht worden. Aber keineswegs bestand ihr Geldverkehr ausschließlich in Barzahlung; es ist oft und in nicht geringem Umfange über-

Abb. 61. Schonenfahrerstuhl in der Marienkirche zu Lübeck (1506).
(Zu Seite 90.)

Abb. 62 u. 63. Die beiden Flügelgemälde des „Jüngsten Gerichtes" von Hans Memling in der Marienkirche zu Danzig. (Zu Seite 88.)

Abb. 64. Altargemälde des „Jüngsten Gerichtes" von Hans Memling in der Marienkirche zu Danzig. (Zu Seite 88.)

schrieben, überhaupt sind nicht wenige Kreditgeschäfte gemacht worden. Die Tratte, der Wechsel, ist in Anwendung gekommen, wenn auch nicht in den festen Formen, die sich später herausgebildet haben. Von Brügge und dann von Antwerpen aus ist hansischer Handelsbrauch in dieser Richtung vorwärts gedrängt und weiter entwickelt worden.

Das Gleiche ist mit dem Versicherungswesen, besonders von Antwerpen aus geschehen. Dem hansischen Verkehr des Mittelalters ist es völlig unbekannt. Man suchte sich zu decken, indem man sein Gut verschiedenen Fahrzeugen anvertraute. Die zahlreichen Ladungsverzeichnisse, die uns erhalten sind, geben ein geradezu überraschendes Bild von der bunten Verteilung der Frachten; daß eine ganze und größere Schiffsladung einem einzigen Eigentümer gehörte, ist wohl selten vorgekommen. Auch von der Schiffsbemannung waren nicht wenige als Besitzer beteiligt an den Waren, die sie führten. Seemännische Ordnungen, Schiffsrechte (Abb. 1) haben sich früh und scharf herausgebildet. Das sogenannte wisbysche Seerecht hat für den ganzen Norden eine dauernde Bedeutung gewonnen.

Der Wohlstand der Städte ist im fünfzehnten Jahrhundert noch bedeutend gewachsen. Ob man das Gleiche von der Bevölkerung sagen kann, ist mindestens zweifelhaft, von dem Umfange der Orte gewiß nicht. Sicher ist aber, daß die Städte in dieser Zeit stattlich ausgebaut und verschönert wurden. Von den prächtigen kirchlichen Bauten, unter denen sich das Schönste und Gewaltigste findet, was Backsteinarchitektur überhaupt geschaffen hat, sind manche in dieser Zeit erst entstanden, andere verschönert, erweitert, vollendet. Und der Profanbau beginnt eigentlich erst in dieser Zeit zu Monumentalleistungen sich aufzuschwingen. Die Rathäuser, die noch heute der Stolz der Städte sind, hat zumeist das fünfzehnte Jahrhundert beginnen und vollenden sehen, und zahlreiche aus dieser Zeit stammende Privathäuser, die Zeugnis ablegen von dem Wohlstand und dem Geschmack ihrer einstigen Besitzer und Erbauer, erregen noch heute die Bewunderung und Freude der Kunst- und Altertumsfreunde. Die Befestigungen der Städte sind nicht nur verstärkt worden, sondern haben auch in Tor- und Turmbau mancherlei geschaffen, was noch heute von den Städten als Schatz und Kleinod sorgfältig bewahrt wird. Daß die ornamentale Kunst und das Kunsthandwerk bei diesen Arbeiten und für kirchlichen und profanen Gebrauch reichlich Gelegenheit fanden, sich zu betätigen, davon kann jeder sich überzeugen, der den uns erhaltenen mittelalterlichen Denkmälern unserer Hansestädte nur einige Aufmerksamkeit zuwendet (Abb. 2, 47 u. ff., 75—77). Weniger befruchtend hat der sich entwickelnde Wohlstand auf das wissenschaftliche Leben der hansischen Bevölkerung eingewirkt. Ein Unterschied gegenüber süddeutschen Plätzen (Nürnberg, Augsburg, Straßburg, Basel) ist hier unverkennbar, wie denn überhaupt auf diesem Gebiete bürgerliche Leistung in der deutschen Geschichte hinter fürstlicher zurücksteht. Doch verdient auch hier Beachtung, daß zwei der noch heute blühenden deutschen Universitäten, Rostock und Greifswald, ihren Ursprung bürgerlichen, hansischen Kreisen verdanken.

Es ist in neuerer Zeit oft gesagt worden (allerdings nur von Leuten, denen man nähere Kenntnis hansischer Verhältnisse völlig absprechen muß), daß die Hanse vor allem emporgekommen sei durch rücksichtslosen Gebrauch ihrer Macht, daß sie ihre Erfolge errungen habe durch brutale Gewalt, und daß ihr Weg bezeichnet sei mit Untaten, mit Raub, Plünderung, Totschlag und Mord; das Leben ihrer Angehörigen draußen sei ein über die Maßen rohes, wüstes und wildes gewesen. Die Belege dafür entnimmt man einzelnen Hergängen auf den Kontoren und Niederlassungen, besonders zu Bergen und auf Schonen, und den erbarmungslosen Kämpfen, die zwischen Schiffern und Kaufleuten einerseits, Kapern und Seeräubern andererseits geführt worden sind. Daß das Leben auf den Niederlassungen draußen im allgemeinen kein heimisch gesittetes war, ist unleugbar. Aber wie konnte es anders sein bei einer Insassenschaft, die ausschließlich aus Männern und zwar aus Männern im kräftigsten Lebensalter und von tadelloser körperlicher Leistungsfähigkeit, wie die Beschäftigung sie unerläßlich forderte, bestand? Die Gefahren,

denen man in der Fremde faſt täglich zu begegnen hatte, erheiſchten handfeſte und
ſchlagfertige Männer. Wenn die überſchäumende Kraft ſich gelegentlich nicht nur in
derben, ſondern in rohen, ja in widerwärtig rohen Formen äußerte, wie es in den
Berger Kontorſpielen tatſächlich geſchah, ſo iſt doch in Erwägung zu ziehen, daß gerade
an einem Platze wie Bergen irgend etwas, was auch nur entfernt nach Zimperlichkeit
ausſehen könnte, am allerwenigſten am
Platze war. Was ſich Hanſen an Aus-
ſchreitungen haben zu ſchulden kommen
laſſen, das iſt ihnen von Fremden reichlich heimgezahlt worden. Wollte man
das eine gegen das andere aufrechnen,
ſo würde das Konto der Hanſen ſich
zweifellos im Empfangen höher belaufen
als im Geben. Engländer und Niederländer haben es ihnen jedenfalls an Ge-
walttat zuvorgetan; nie ſind Fremde in
den Hanſeſtädten getötet worden, weil ſie
Fremde waren. Man muß bei der Beurteilung dieſer Dinge die Zeitverhältniſſe
erwägen. Die Greuel, die in der Kolo-
nialgeſchichte des ſechzehnten, ſiebzehnten
und achtzehnten Jahrhunderts Europäer
gegen Europäer und gegen Eingeborene
fremder Länder verübt haben, laſſen alles
hinter ſich zurück, was aus der hanſiſchen
Geſchichte erzählt werden kann. Die Regel
war doch, daß der hanſiſche Schiffer,
Kaufmann, Gewerbetreibende im Auslande dem Fremden gegenüber zur Waffe
nur griff, wenn kein anderer Weg mehr
offen war, dann allerdings mit der Ent-
ſchloſſenheit und der Willensfeſtigkeit, die
niederdeutſcher Art eigen ſind. Daß man
ſich auch in kritiſchen Momenten der
folgenſchweren Verantwortlichkeit bewußt
war und die Beſonnenheit bewahrte, das
beweiſt jener Hergang auf dem Felde von
Skanör im Herbſt 1463, wo ſich wohl
20 000 Teutſche und Dänen gegenüber-
ſtanden, Blut ſchon gefloſſen war und
doch der Friede gewahrt blieb. Man
kann im Hinblick auf ſpätere Zeiten, wo
die Macht anders verteilt war, wohl
ſagen, daß kaum ein anderes Volk ein
gleiches Übergewicht gleich maßvoll gebraucht haben würde. Was die Hanſe
in dieſer Beziehung etwa geſündigt hat,

Abb. 65. Grabmal der Königin Margarete
in der Domkirche zu Roeskilde. (Zu Seite 84.)

das iſt ihr in ſpäteren Jahrhunderten mit reichen Zinſen heimgezahlt worden.

Die heute allſommerlich ſo zahlreich den ſkandinaviſchen Norden bereiſenden Deutſchen
fühlen ſich angezogen durch die Reize einer bald lieblichen, bald großartigen, immer aber
ſtimmungsvollen, erfriſchenden Natur, durch die Äußerungen eines geſunden und kräftigen, eigenartigen, deutſche Art anheimelnden Volkstums und durch das, was es hellen
und lebendigen Sinnes, ſtarken, ſelbſtändigen Geiſtes in neueren Tagen in Wiſſenſchaft
und Kunſt geſchaffen und geſtaltet hat. Dem Aufmerkſameren wird es aber nicht ent-

gehen, daß die mittelalterlichen Erinnerungen, abgesehen von der Insel Gotland, dem einzigen Gebiete des Nordens, auf dem man sich ins Mittelalter zurückträumen kann, dort oben nur dürftig vertreten sind. Eine einzige Stadt wie Lübeck oder Danzig oder selbst Stralsund und Rostock birgt deren mehr oder nicht viel weniger als ein ganzes nordisches Königreich. In dieser Tatsache tritt die Überlegenheit der deutschen Kultur in jenen Zeiten deutlich zu Tage. Das Städtebild, das noch heute Lübeck bietet, wenn man die Trave heraufführt, ist einzig in seiner Art. Dem mittelalterlichen Skandinavier mochte es einen Eindruck machen, wie wenn der Deutsche Rom schaute. Der Vorsprung, den Deutschland vor dem Norden und Osten auf dem Gebiete der Städteentwickelung hatte, war die vornehmste Quelle seiner Überlegenheit. Die dänischen Historiker pflegen, wenn sie vom Einfluß der Hanse auf die Geschichte ihres Vaterlandes reden, weit lebhafter zu betonen, daß sie die Städtebildung im Norden hintangehalten hat, als daß sie für diesen in gleicher Weise ein Kulturträger war, wie Italien und Frankreich für Deutschland. Indem sie so urteilen, erfassen sie richtig, daß die Entfaltung städtischen Lebens das Entscheidende ist. Es ist aber nicht bloß die damit verbundene Entwickelung größerer Kapitalkraft, die in Wirksamkeit tritt, sondern weit mehr noch die Tatsache, daß in den Städten politische Bildungen erwuchsen, in denen die ganze Lebensbetätigung sich konzentrierte um die wirtschaftlichen Interessen, und daß die deutschen Zustände, wie sonst in Europa nur noch die italienischen, diesen neu erwachsenen Gemeinwesen eine Freiheit der Bewegung und eine Selbständigkeit des Handels ermöglichten, die sie zu völlig ausgebildeten, lebensfähigen Staatswesen machte. Hier lag eine stark fließende Quelle der Überlegenheit über die dynastischen Bildungen der Zeit. Denn der fürstliche Staat, wie er im abendländischen Mittelalter erwuchs, war ganz überwiegend ein Geschöpf der Dynastien. Nicht nur das deutsche und italienische Territorialwesen, wie es an Stelle der zerfallenden Königsmacht emporkam, sondern diese selbst in den übrigen europäischen Staaten war in erster Linie ein Gebilde der Familien, die aus heftigen Kämpfen mit rivalisierenden Häusern als Sieger hervorgingen. Auch das Ringen der Reiche und Völker miteinander trägt häufig kaum einen anderen Charakter; man denke nur an die englisch-französischen Kriege. In Schweden und Dänemark stand sich besonders der Adel der beiden Reiche schroff gegenüber. Da gab es für eine auf dauernden Interessen beruhende, stetige Politik — und eine solche ergibt sich leicht im aristokratisch regierten Staatswesen von republikanischem Charakter — der Gelegenheiten genug, den eigenen Vorteil wahrzunehmen. Den um Stellung und Besitz, um Bestand oder Emporkommen Ringenden waren die geldkräftigen Städte oder ihre Kaufleute je nachdem erwünschte Hilfen und Stützen oder gefährliche Gegner. Englische, dänische, norwegische Reichsinsignien und -Kleinodien haben wiederholt verpfändet in den Ratskammern deutscher Städte gelegen; wichtige Betriebe und Einnahmequellen sind deutschen und italienischen Kaufleuten auf kürzere oder längere Fristen zur Ausbeutung überlassen worden. Das war der Weg, auf dem man zu Privilegien und Rechten gelangte. Der Unmut der englischen Handel- und Schiffahrttreibenden über die Stellung der Hansen in ihrem Lande hätte schon im fünfzehnten Jahrhundert einen Erfolg davongetragen, wenn nicht der Kampf der beiden Rosen die bedrängte Krone genötigt hätte, Anlehnung zu suchen bei den deutschen Städten und Kaufleuten. Dem geeinigten Skandinavien wären die wendischen Städte nicht gewachsen gewesen, wenn die Union wirklich hätte zur Durchführung kommen können, nicht einmal dem dänischen Staatswesen allein, wenn es ehrlich auf Herrschaft über Schweden hätte verzichten wollen und sich mit den Holsteinern über Schleswig hätte verständigen können.


Aber den Vorteilen, die aus der Lage des deutschen Reiches erwuchsen, standen auch Nachteile gegenüber, die mit der Zeit völlig das Übergewicht erlangten.

Die Städte waren emporgekommen im Gegensatz zu den Territorien, denen sie angehörten, überhaupt zu den umgebenden Landschaften, und auf deren Kosten, wenn

auch die Landesfürsten anfangs ihren Vorteil gezogen
hatten. Sie hatten mehr und
mehr alle gewerblichen und
kaufmännischen Betriebe in
ihren Mauern konzentriert
und strenge Ordnungen ge-
schaffen, sie sich zu erhalten.
Zu gleicher Zeit, da die
Städte in der Hanse die
Oberhand gewannen über den

Abb. 66.
Fehdebrief Lüneburgs vom
6. Oktober 1426. (Zu Seite 84.)

gemeinen Kaufmann (ihr Sieg
war mit dem Ende des dreizehnten Jahrhunderts ent-
schieden), verloren König und
Landesfürsten auch so ziemlich
jedes direkte Interesse an ihrem
Gedeihen. Daß reich gewordene Bürger Landgüter er-
warben und sich doch sträub-
ten, die darauf ruhenden
Lasten an Kriegs- und Hof-

dienst zu leisten, konnte das Verhältnis nicht bessern. Mit dem Ausgange der waldemarischen Kriege war die volle heimatliche Selbständigkeit der Städte noch keineswegs
erreicht. Im fünfzehnten Jahrhundert sind dann auf dem Wege zur vollen Loslösung
aus dem umgebenden Territorium erhebliche Fortschritte nicht mehr gemacht worden; wohl
aber hat in mehr als einem Falle ein starkes Zurückdrängen stattgefunden. Die ersten
Hohenzollern in der Mark, die die landesfürstliche Gewalt dort so kräftig begründeten,
haben nicht nur den Adel, sondern auch die Bürger gebeugt. Friedrich II. hat seinen
märkischen Städten 1442 alle Bündnisse außerhalb wie innerhalb des Landes verboten;
sie haben aus der Hanse ausscheiden müssen, sind auf Tagfahrten nach seiner Zeit nicht
mehr nachweisbar. Wiederholt haben sich im Laufe des fünfzehnten Jahrhunderts norddeutsche Fürsten in Bündnisse zusammengetan, auch mit auswärtigen Machthabern, die
Städte niederzuwerfen. Es sind wenige der letzteren, die nicht in dieser Zeit um ihre
Selbständigkeit haben kämpfen oder wenigstens ernstlich um sie haben sorgen müssen. „Daß
man sich hüten lerne vor der Herrschaft und vor der Mannschaft, denn auf sie sei kein
Verlaß", gibt das Braunschweiger Fehdebuch als Grund an für die Zusammenstellung
der von der Stadt gegen Fürsten und Ritter durchgefochtenen Kämpfe, die es versucht.
Einzelne derartige Fehden, wie die Soester, haben jahrelang getobt. Die welfischen
Herren haben verschiedenen ihrer Städte schwer zu schaffen gemacht. Um sich gegenseitig
kräftiger stützen zu können, haben die wendischen und die sächsischen Städte unter sich,
gelegentlich auch beide Gruppen miteinander, engere Bündnisse (Tohopesaten) geschlossen,
die zu bestimmten Leistungen gegen Angriffe von seiten der Fürsten verpflichteten. Daß
die Städte nur zu häufig Anlaß hatten, für die Sicherheit des Verkehrs gegen den
Landadel einzutreten, hat das Verhältnis zu den Fürsten auch nicht gebessert. Doch ist
es ihnen bei den mancherlei Gegensätzen, die innerhalb des Fürstenstandes lebendig waren,
fast immer gelungen, einen oder mehrere Vertreter desselben zu sich herüber zu ziehen,
besonders in der Form, daß man einen sogenannten Schutzherren annahm, der gegen
entsprechende Leistungen die Städte militärisch, besonders bei den Werbungen, stützte
und förderte, sie auch bei Bedarf diplomatisch vertreten half. Die zahlreichen Fehden,

die in dieser Zeit zwischen einzelnen Territorialherren ausgefochten wurden, haben die Städte, die den Territorien angehörigen fast unfehlbar, auch vielfach stark in Mitleidenschaft gezogen. Aus der Heimat war daher, wenn es galt, den deutschen Bürger draußen zu vertreten, auf Unterstützung von außerhalb der städtischen Mauern wenig zu rechnen.

Das fünfzehnte Jahrhundert ist die Zeit, in der die Reichslosigkeit, die von den Hergängen der Hussitenkriege grell beleuchtet wird, sich am Bestande des deutschen Volkstums zu rächen beginnt. Kaum ein Verlust ist verhängnisvoller geworden, als der des Weichselgebietes, der das Ordensland vom Reiche räumlich löste. Er hat auch der Hanse schweren Schaden zugefügt.

Der deutsche Orden und seine Hochmeister in Preußen, seine Landmeister in Livland haben lange mit der Hanse dem gleichen Ziele zugestrebt, „die zwei Arme eines Kreuzes". Völlig feindselig haben sich ihre Interessen nie gegenübergestanden, wenn sie auch gelegentlich auseinander gegangen sind, besonders dadurch, daß der Orden selbst sich zum Großhandelsgeschäft entwickelte. Mit den eigenen Städten hat ihn diese Wandlung aber völlig entzweit, was um so verhängnisvoller wurde, als Orden und Landesadel ebenfalls in unversöhnlichen Gegensatz gerieten. Im fünfzehnten Jahrhundert kam es zu langen und erbitterten Kämpfen. Litauens Verbindung mit Polen unter den Jagellonen und seine Christianisierung hatten eine ganz neue, für den Orden sehr gefährliche Lage geschaffen. Die Kreuzfahrten hörten auf, und das Land sah sich von einem Nachbar umschlossen, dessen Überlegenheit an Macht 1410 die Schlacht bei Tannenberg offenbarte. Städte und Adel haben sich durch ihren Haß gegen den Orden fortreißen lassen, mit den Fremden gemeinsame Sache zu machen. Im Thorner Frieden gingen 1466 alle Städte bis auf Königsberg an die Krone Polen verloren. Ihre Haltung in hansischen Angelegenheiten war durch die schweren Kämpfe außerordentlich beeinträchtigt worden, und die Lösung des gegen Ende des Mittelalters allein noch am Seehandel beteiligten Danzig vom Reiche hat den ohnehin in der Weichselstadt stark entwickelten Sondergeist noch mehr gekräftigt. Königsberg ist stets mehr Land- als Hansestadt gewesen.

Zu diesen äußeren Schwierigkeiten, die in der Lage des Reiches ihre Begründung hatten, und mit denen die Hanse, als mit etwas Gegebenem, sich abfinden mußte, kamen aber andere, die ihr aus ihrer eigenen Mitte erwuchsen.

Auch die norddeutschen Städte sind in großem Umfange heimgesucht worden durch die inneren Unruhen, die man als Zunftbewegungen zu bezeichnen pflegt, und die bei ihnen im allgemeinen etwas später einsetzen als im Süden. Sie richteten sich häufig gegen die Alleinberechtigung der Kaufmannschaft zum Rat, haben aber manchmal lokale, persönliche Ursachen verschiedener Art. Gern knüpfen sie an an Erhöhung der städtischen Lasten, wie sie sich aus auswärtigen Verwickelungen, längeren Fehden, nicht selten ergeben hat. Sie führen in der Regel zu einer Beseitigung des alten Rates, dessen Mitglieder dann ganz oder teilweise die Stadt verlassen bezw. verlassen müssen und dann nicht selten auswärts, gelegentlich auch bei Fürsten, Unterkunft und Hilfe suchen. Bald nach dem Stralsunder Frieden ward Braunschweig von einer solchen Bewegung durchzuckt, in deren Verlauf die Hanse die Wiederaufnahme des alten Rates zu erzwingen vermochte. Schwieriger zu bewältigen war der große sogenannte Knochenhaueraufstand, der 1408 Lübeck heimsuchte, und dem erst 1416 dadurch ein Ziel gesetzt wurde, daß König Erich im Sommer dieses Jahres die auf der Schonenfahrt begriffenen Lübecker anhielt, eine Schädigung, die die Bürgerschaft so schwer traf, daß sie sich zur Wiederaufnahme der Vertriebenen bereit erklärte. Die Bewegung hatte sich in die Nachbarstädte verbreitet und war Anlaß, daß auf dem Lübecker Hansetage zu Johannis 1418, auf dem nicht weniger als 32 Städte von Nymwegen bis Reval vertreten waren, strenge Beschlüsse gefaßt wurden gegen Gemeinden, in denen in Zukunft der Rat „entwältigt" würde. Das Übel ist damit aber keineswegs beseitigt gewesen. Ähnliche Auftritte ziehen sich, bald hier bald dort in hansischen Städten, durchs ganze Jahrhundert hin bis in die Zeiten hinein, wo der Kampf um den Glauben und die Kirche neuen Zündstoff in das städtische Leben warf. Wiederholt ist man, den gefaßten Beschlüssen entsprechend, zur Ausschließung von der Hanse, der sogenannten Verhansung, geschritten, ein Mittel, das sonst eigentlich nur angewandt wurde, wenn ein Glied des Bundes einen offenbaren Feind desselben begünstigte, und das eine scharfe Waffe war, weil es die Betroffenen zugleich von jedem Verkehr mit anderen Hansestädten und vom Besuch der auswärtigen Märkte, Lager und Kontore ausschloß. Deutlich erkennt man in der auswärtigen Politik der Städte die Folgen dieser inneren Schwierigkeiten, je wichtiger die betroffene Gemeinde, um so klarer. Daß vielfach Mangel an Gemeinsinn, Unverstand und kecker Übermut, Ehrgeiz und Selbstsucht bei diesen Unruhen eine größere Rolle spielten als wirklich begründete Beschwerden, deren Nichtberücksichtigung die betroffene Stadt ernstlich hätte schädigen müssen, kann auf Grund der uns zu Gebote stehenden Kenntnis mit voller Sicherheit gesagt werden. Nicht ohne empfindlichen Schaden hat die Hanse diese Krisen überstanden.

Von jeher hatte innerhalb der Hanse Verschiedenheit der Interessen bestanden. Die Daseinsbedingungen konnten in einer Verbindung, die sich aus so zerstreuten, zum Teil

Abb. 67. Fahne vom Orlogschiff König Erichs des Pommern von Dänemark (1427). Original auf Leder in der Marienkirche zu Lübeck. (Zu Seite 84.)

weit entlegenen Gliedern zusammensetzte, nur verschiedene sein. Um zu verstehen, was es bedeutete, daß trotzdem eine Vereinigung zu stande kam, braucht man nur einen Blick auf die gleichzeitige italienische Geschichte zu werfen. Dort war unter den Städten Nachbarschaft ziemlich gleichbedeutend mit Feindschaft. In den erbittertsten Fehden haben sich gerade die einander nahe gelegenen Städte bekämpft; von einer Vereinigung im Auslande zu gemeinsamer Vertretung ihrer Bürger ist nicht die Rede. Ja gerade draußen hat die Verschiedenheit ihrer Interessen zu den heftigsten Zusammenstößen geführt. Es ist auch bezeichnend, daß die italienischen Stadtverfassungen fast ausnahmslos noch im Laufe des Mittelalters oder bald danach monarchische Formen angenommen haben. In Deutschland gibt es kein Beispiel der Art, nicht einmal einen Ansatz dazu. Deutsche der Hanse angehörige Städte haben sich niemals offen bekriegt. Aber völlig ausbleiben konnten Zwistigkeiten nicht. Sie sind schon, wie die Beispiele von Lübeck, Köln und Wisby gezeigt haben, hervorgetreten, als eine förmliche Hanse noch gar nicht bestand. Die Städte bewahrten sich auch als Glieder der Hanse die volle Freiheit, in jeder Frage, die den Bund beschäftigte, nach Maßgabe ihrer Interessen zu entscheiden. Eben deshalb ist es nie zu einer gesamthansischen Tat gekommen.

Die Stellung zu den einzelnen Niederlassungen und Verkehrszentren draußen war eine recht verschiedene, nicht dauernd die gleiche im Verlauf der hansischen Jahrhunderte. Auf dem Brügger Kontor waren gegen Ende des Mittelalters besonders die rheinischen und wendischen Städte vertreten, dann noch die sächsischen; Danzig und die Preußen hatten dort weniger Verkehr. In den Beziehungen zu England traten dann diese hervor neben den rheinischen; Lübeck und seine näheren Genossen stehen im Hintergrunde. Alles was Dänemark anging, betraf zunächst die wendischen, dann die an der Nord-Ostseefahrt beteiligten Städte, viel weniger die binnenwärts gelegenen, die sächsischen und westfälischen und gar die rheinischen, die mit dem sinkenden Mittelalter aus dem Ostseeverkehr fast völlig verschwinden. Ähnlich lag es in Bergen, wo zudem die Preußen und Livländer ganz ausschieden. An der Baienfahrt hatten die Binnenstädte kaum ein Interesse. Es ist in der Entwickelung des vierzehnten und fünfzehnten Jahrhunderts eine unverkennbare Tendenz vorhanden, die Verkehrs- und Erwerbsgebiete zu sondern, anstatt sie zu verschmelzen. Es ergab sich das schon aus der Zurückdrängung der ländlichen und kleinstädtischen Elemente, die der Konkurrenz der größeren, mannigfach begünstigten Orte weichen mußten, nicht selten auch wohl ihren Betrieb in diese verlegten. Es war natürlich, daß die Gegensätze um so mehr zur Erscheinung kamen, je geschlossener die Gewalten waren, die sie vertraten.

Von den Differenzen, die sich im fünfzehnten Jahrhundert zeigten, seien nur einige der wichtigeren zur Kennzeichnung hervorgehoben. Es erregte nicht geringe Mißstimmung in Danzig, daß man nach dem Wordingborger Frieden von 1435 die wendischen Städte von der neuen Auflage des Sundzolles befreit sah. Auch in der englischen Politik nahm Danzig einen anderen Standpunkt ein als Lübeck. Es verlangte ein entschiedeneres Eintreten für die Rechte des Kaufmannes und scharfe Maßregeln, wo Lübeck noch zögerte und verhandelte und sich auf Repressalien und Verkehrsabbruch beschränkte. In dem erwähnten Kriege war es mit seinen Fahrzeugen auch zuerst und zuletzt auf dem Platze. Als dann aber die Tat des Paul Beneke Anlaß wurde, daß Brügge, gedrängt von den Portunari, mit Vergeltungsmaßregeln gegen den dortigen deutschen Kaufmann vorging, wußte Danzig nach jahrelangen Verhandlungen mit Unterstützung der wendischen Städte die Sache so zu wenden, daß der Rat von Brügge die Verantwortlichkeit auf sich nahm gegen das Zugeständnis einer Accise auf den Wein. Nicht ohne Grund empfanden Köln und Genossen das als ein grobes Unrecht.

Köln betrieb aber in England und Flandern nicht weniger eigene Politik. Als der Kaufmann des Stahlhofs im Juli 1468 gefangen gesetzt wurde, wußten die Kölner sich schon am folgenden Tage wieder zu befreien, und während der ganzen Zeit, wo dann Danzig und andere mit England fehdeten, haben sie den Verkehr dorthin fortgesetzt und sind Insassen des Kontors geblieben. Sie sind infolgedessen verhanst worden, sahen sich, als der Kaufmann nach dem Utrechter Frieden auf den Stahlhof zurückkehrte, von diesem ausgeschlossen und wurden von ihren erbitterten Gegnern, trotzdem die Bremer Tagfahrt von 1476 Köln wieder aufgenommen hatte, erst nach langen und gereizten Verhandlungen wieder zugelassen. In diesen Hergängen mochten Danzig und die wendischen Städte eine Art Rechtfertigung sehen, wenn sie die Folgen der Portunari-Klage auf die Rheinischen abwälzten.

Eine andere Streitfrage war die des Schosses zu Brügge. Die Auflage war dem Kaufmann zugestanden und wurde von ihm erhoben, um die unvermeidlichen Kosten der Erhaltung des Kontors zu bestreiten. Ihr Eingehen zu sichern, diente besonders das Festhalten am Stapelzwang. Aber die rheinischen Städte, die am Ostseehandel kaum noch beteiligt waren, hatten an seiner Aufrechterhaltung kein Interesse, auch die süderseeischen nicht, die dem Stapel so nahe lagen, daß sie auch ihre heimischen Häfen an seine Stelle setzen konnten. Die sächsischen und westfälischen Kaufleute begannen mit ihrem Tuch- und Leinenhandel ebenfalls andere Plätze neben Brügge aufzusuchen. Als gar in der zweiten Hälfte des fünfzehnten Jahrhunderts der „freie Markt" Antwerpen neben und über Brügge emporkam, als das Swin bald darauf zu versanden begann, weil die Stadt, besonders wegen ihrer übermütigen Zwistigkeiten mit den Landesherren (1488 setzte sie König Maximilian monatelang gefangen) die für die Instandhaltung nötigen Mittel nicht mehr fand, während Antwerpen die tiefste Strommündung Europas zur

Hansische Ordnungen.

Abb. 68. Hinrichtung des Bürgermeisters Johann Wittenborg auf dem Marktplatz zu Lübeck.
Nach einer Abbildung in Rehbeins Chronik, ca. 1620. (Zu Seite 61.)

Verfügung hatte, da erwiesen sich alle Bemühungen der wendischen Städte und das Entgegenkommen Brügges, das die Hansen ungern scheiden sah, vergeblich. Der Beschluß, den Stapel zu halten, ist noch oft wiederholt worden, aber selbst die Wendischen führten ihn nicht mehr strenge durch. Der Hansetag von 1530 gab die Sache frei. Der Streit um Schoß und Stapel hatte aber oft genug scharfe Formen angenommen.

Die neuere Zeit hat an der Hanse besonders das zähe Festhalten an einmal gefundenen und beschlossenen Formen getadelt. Den Hauptanhaltspunkt für diesen Tadel haben die auf den Hansetagen von 1418, 1434, 1441, 1447 beschlossenen bezw. bestätigten Ordnungen und Statuten geliefert, die den Verkehr, besonders die Beziehungen zu Nichthansen, in feste Formen zu bringen suchten und oft erneuert worden sind. Wer näher hinblickt, wird die Vorwürfe doch ablehnen müssen. Die Gebundenheit der Handels- und Schiffahrtsordnungen des hansischen Bundes und der einzelnen Städte ist durch die spätere niederländische und englische, überhaupt durch die ganze regalistische und merkantilistische Gesetzgebung nicht nur erreicht, sondern übertroffen worden. Und das, trotzdem die Hanse sich in viel schwierigerer Lage befand. Sie mußte den Kampf gegen die „wilden Läger", gegen Vergesellschaftung mit Nichthansen, gegen Zulassung fremder Elemente zu gleichem Recht mit den Einheimischen und so manches andere aufnehmen, aus dem ganz einfachen Grunde, weil ein Verzicht auf Widerstand aus dem in den Städten konzentrierten Erwerbe einen allgemeinen gemacht hätte. Sie hätte sich selbst und ihre Geschichte aufgeben müssen. Der Gegensatz zwischen Stadt und Land, zunächst so förderlich für das Emporkommen städtischen Wesens und wirtschaftlichen Lebens, zeigt hier abermals eine seiner Kehrseiten. Es entwickelten sich Verhältnisse, denen die „Stadtwirtschaft" nicht mehr gewachsen war. Eine rettende Neuerung gab es nicht; wer hätte da etwas anderes versuchen sollen, als am Alten festzuhalten.

Schäfer, Die Hanse.

Abb. 69. Haus der Schiffergesellschaft zu Lübeck. (Mitte des sechzehnten Jahrhunderts.)
(Zu Seite 108.)

Eine solche Wandlung vollzog sich auch in Verhältnissen, die für die Hanse von besonderer Wichtigkeit waren, und deren Umgestaltung der vornehmste Nagel zu ihrem Sarge geworden ist.

Die Friesen, derjenige deutsche Stamm, der sich am frühesten in Händlertätigkeit nachweisen läßt, ist diesem Betriebe dauernd treu geblieben und zwar lange, wie es im Ursprung begonnen war, von ländlichen, nicht von städtischen Wohnsitzen aus. Es handelt sich dabei zunächst um die Friesen der Grafschaften Holland und Seeland, vom Swin bis zum Vlie, und etwas östlich darüber hinaus bis gegen Gröningen ("Stadt und Umland") hin. Nur Orte dieser östlichen Gegend sind zeitweise zur Hanse gerechnet worden, die Holländer und Seeländer nie, obgleich sie an der Kölner Konföderation teilgenommen haben. Unter ihnen ragen als besonders betriebsam die Friesen des Kennemeer- und Waterlandes hervor, die Bewohner des jetzigen Nordholland, soweit es nördlich vom alten Ij und dem jetzt trocken gelegten Haarlemer Meer oder an diesen

Abb. 70. Diele im Hause der Schiffergesellschaft zu Lübeck. (Zu Seite 108.)

Gewässern liegt. Auch als das sechzehnte Jahrhundert schon lange begonnen hatte, ruhte der Schiffahrtsbetrieb dieser Gegenden noch ganz überwiegend auf der bäuerlichen Bevölkerung. Amsterdam tritt in ihm in keiner Weise beherrschend hervor. Von den Holländern und Seeländern und den sich ihnen im fünfzehnten Jahrhundert zugesellenden Westfriesen sind wohl zu scheiden die zwischen ihnen an der Südersee und ihren Zuflüssen wohnenden Angehörigen des Bistums Utrecht und der Grafschaft (seit 1338 des Herzogtums) Geldern.

Der Versuch, diese Friesen aus der Ostsee fernzuhalten, wie er durch das erwähnte Schreiben der utrechtschen Städte Kampen und Zwolle an Lübeck aus dem dreizehnten

Jahrhundert belegt ist, ist jedenfalls nicht dauernd gelungen. Ihre Teilnahme am zweiten waldemarischen Kriege zeigt ihre volle Gleichstellung. Abgesehen von der Beteiligung am Verkehr auf Schonen, finden wir sie in der Ostsee besonders beschäftigt mit Holz- und Kornhandel, und zwar nicht nur in den großen Städten, sondern auch in den kleinen, den Hansen von ihrem Standpunkte aus mit gutem Grunde so verhaßten „Klipphäfen". Daß ihre Heimat dem Weltmarkt Brügge so nahe lag, machte sie zu besonders gefährlichen Konkurrenten in dem Betriebe, auf dem gerade die Blüte der wendischen Städte beruhte. Auch zu Bergen hielten sie Stand, als die Engländer wichen. Geradezu verhängnisvoll mußte diese Konkurrenz werden, wenn die Städte mit Dänemark-Norwegen im Kriege lagen, während die Holländer und Seeländer neutral blieben. Und das ist stets geschehen nach dem gemeinsamen Vorgehen gegen Waldemar. Die Städte scheuten in solchen Zeiten nicht zurück vor Gewaltmaßregeln, um der Schiffahrt der Rivalen ein Ende zu machen. Die Antwort blieb nicht aus, und so ist es wiederholt zu Kapereien und größeren Feindseligkeiten gekommen. Nach dem Kriege der Städte mit Erich von Pommern konnte der Friede mit den Niederländern erst 1441 durch einen zu Kopenhagen geschlossenen Vertrag wieder hergestellt werden. Die Wendischen befanden sich in solchen Lagen keineswegs durchaus im Vorteil, denn auch ihre Handelswege nach dem Westen führten an den niederländischen Küsten vorbei und zum Teil sogar durch des Gegners Land. Sie waren diesem auch in rücksichtslosem Zugreifen nicht überlegen. 1438 wurde von den Niederländern vor Brest eine von der Baie heimkehrende Flotte von 23 preußischen und livländischen Schiffen genommen, deren Heimatstädte, wie die Zeit sich ausdrückte, „nichts anderes wußten, als Friede und Freundschaft". Den Dänen lag es nahe, aus dem Gegensatz Nutzen zu ziehen. Seit den Tagen Margaretas und Erichs sind ihre Könige konsequent bemüht gewesen, die Niederländer zu stärken, sie zu begünstigen vor den Hansen. Für diese aber war es eine Lebensfrage, ihre Nebenbuhler in gewissen Schranken zu halten. Durch zahlreiche Zollplackereien, die von den Landesherren der Niederlande auf den Gewässern der Binnenfahrt verhängt wurden, ist die Stimmung in den Städten im Laufe des fünfzehnten Jahrhunderts noch mehr gereizt worden.

## VII.

Der Schließung des Kontors zu Nowgorod im Jahre 1494 hat man oft eine entscheidende Bedeutung für den Niedergang der Hanse beigelegt. Sie ward verfügt durch den ersten Zaren Iwan III. Wassiliewitsch wegen angeblicher Unbill, die den Seinen in Reval widerfahren sei, nachdem er 1478 das Sonderfürstentum Nowgorod unterworfen und der den Hansen so günstigen Selbständigkeit der Stadt ein Ende gemacht hatte. Die Kaufleute, 49 an der Zahl, wurden Gefangene und haben zum Teil lange und schwere Haft erdulden müssen. Seitdem hat der Hof der Deutschen so wenig wie die Stadt wieder erblühen können, obgleich Versuche gemacht worden sind. Aber einen erkennbaren tieferen Eindruck hat das auf die Hanse nicht gemacht. Die Verhältnisse hatten sich auch hier im Laufe des fünfzehnten Jahrhunderts verschoben. Der russische Handel war fast ganz in die Hand der livländischen Städte geraten und von diesen ziemlich selbstherrlich geregelt worden. Jetzt überließ man es zumeist ihnen, wie sie sich neu einrichten wollten. Nach allerdings mühevollen Verhandlungen haben sie zwanzig Jahre später, hauptsächlich mit Unterstützung des Landmeisters, einen Frieden erzielt, bei dem sie bestehen konnten. Der russische Handel aber, soweit er von den westlicheren Hansestädten betrieben wurde, hat sich ganz überwiegend an die Küste, besonders nach Iwangorod und Narwa verlegt.

Viel tiefer griffen die Verwickelungen, die sich bald darauf wieder mit Dänemark anspannen.

Dem ersten Oldenburger war dort 1481 sein ältester Sohn Johann (Hans) gefolgt. Er war ein kraftvoller Regent, der nicht gesonnen war, den Hansen viel nachzugeben.

Abb. 71. Alte Dröge zu Lübeck. (Jetzt abgebrochen.) (Zu Seite 108.)

Abb. 72. Bürgermeister Jürgen Wullenweber (1492—1537). Gemälde im Museum zu Lübeck.
(Zu Seite 108.)

Die Beziehungen nahmen bald einen sehr gespannten Charakter an, ohne daß es doch zu offenem Bruche kam. Der König wandte sich anderen Aufgaben zu, versuchte sich gegen Schweden und holte sich gemeinsam mit seinem Bruder, mit dem er Schleswig-Holstein geteilt hatte, 1500 die schwere Niederlage bei Hemmingstedt von den Dithmarscher Bauern. Das hinderte ihn doch nicht, die Bemühungen gegen Schweden fortzusetzen und es zum Kriege mit den Städten zu treiben, trotzdem er die Befreiung seiner als Verteidigerin Stockholms von den Schweden gefangenen Gemahlin Christine, der Schwester Friedrichs des Weisen, ausschließlich lübischer Verwendung verdankte. Er verlangte von ihnen völligen Abbruch des Verkehrs mit Schweden, behauptete, als das zugesagt war, daß das Versprechen nicht gehalten werde, griff zur Gewalt und brachte es so dahin, daß Lübeck 1509 ein Bündnis mit den aufständischen Schweden schloß.

Der Krieg, der so entbrannte, ist auch wieder ausschließlich von den wendischen Städten geführt worden, von denen Hamburg nur widerstrebend und mit gewissen Einschränkungen teilnahm. Köln hat eine mäßige Geldsumme vorgestreckt. Er wurde nicht allzu glücklich geführt. König Johann hatte die dänischen Streitkräfte zur See nicht unwesentlich verstärkt. Die Städter konnten wieder dänische Inseln anfallen, aber der König erschien vor der Trave, plünderte bis an die Tore von Wismar, beunruhigte die

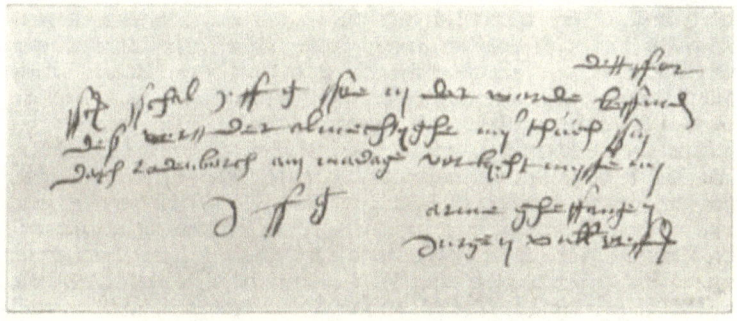

Abb. 73. Handschrift Wullenwevers. (Zu Seite 108.)

Warnow und brachte den Stralsundern auf Rügen eine empfindliche Niederlage bei. In einem heftigen Treffen, das am 9. August 1511 unter Bornholm stattfand, schrieben sich beide Teile den Sieg zu. Zwei Tage später haben die Lübecker unter Hela eine auf über 100 Segel bezifferte, reich beladene Handelsflotte der Niederländer angefallen, zahlreiche Schiffe genommen, andere auf den Strand gejagt, die übrigen zerstreut; sie wollten, während sie in Fehde standen, niederländischen Verkehr nach der Ostsee nicht dulden. Mit Dänemark schloß man am 23. April 1512 zu Malmö Frieden und begann dann in der Nordsee einen Kaperkrieg gegen die verhaßten Niederländer, dessen baldige Beilegung doch die gegenseitige Stimmung nicht zu verbessern vermochte. Auch in Danzig war man gegen Lübeck aufs höchste gereizt, weil es die Danziger Schiffahrt, damit der Feind nicht gestärkt werde, nach Möglichkeit beschränkt und gehindert hatte. Die Friedensbedingungen von Malmö zeigen deutlich, daß die Städte von der Fortsetzung des Krieges nichts erhofften. Sie sagten dem dänischen Könige 30 000 Gulden zu, zahlbar in zwölf Jahresraten, und Abbruch des Verkehrs mit Schweden, wenn das Land in seinen Verhandlungen mit dem Könige sich nicht hansischer Vermittelung unterwerfe.

Aber noch einmal hat das Glück den Hansen hell geleuchtet.

König Johann ist 1513 gestorben, sein Sohn Christian II. gefolgt (Abb. 74). Sein Ehrgeiz nahm einen noch höheren Flug als der des Vaters. Nicht nur Schweden, sondern auch die Herzogtümer wollte er unterwerfen, die Handelsstellung der Hanse brechen und Kopenhagen und Stockholm zu Stapelplätzen des nordischen Handels machen. Er hat versucht, den Hof zu Nowgorod als dänischen wieder in Betrieb zu setzen. Im Innern der Reiche wollte er die Macht des Adels und der Geistlichkeit vernichten, bürgerliche Betriebe beleben; dem Reformationsgedanken schloß er sich an. Es war viel für eine Menschenkraft, zuviel für die Christians II., der seinen Leidenschaften die Zügel schießen ließ, wo nur Besonnenheit und Selbstbeherrschung hätten zum Ziele führen können. Es gelang ihm, die Schweden zu besiegen; der Tod ihres Führers, des jüngeren Sten Sture gleich zu Beginn des ersten Gefechts, unterwarf sie ihm. Er richtete das Stockholmer Blutbad an, eine Tat, die ihm in der nordischen Geschichte den Namen des Tyrannen verschafft hat. Er täuschte sich sehr, wenn er glaubte, das Volk als ein willenloses beherrschen zu können, nachdem er seine Vornehmsten beseitigt haben würde. Es sammelte sich bald um Gustaf Wasa, der aus dänischer Gefangenschaft auf Schloß Kalö in Jütland nach Lübeck entkommen war und dort unter der Kaufmannschaft alsbald Leute gefunden hatte, die bereit gewesen waren, ihn auszurüsten und heimzuführen.

Denn in den Städten blieb man über die Absichten des Königs nicht in unklaren. Brutale Vergewaltigungen und Verletzungen der verbrieften Rechte reizten zur Gegenwehr. Man stellte die zu Malmö vereinbarten Zahlungen ein. Der König reiste im Sommer 1521 zu Kaiser Karl V., als dieser, vom Wormser Reichstag heimkehrend, in den Niederlanden weilte. Er war seit 1515 als Gemahl der Isabella des Kaisers Schwager. Er erlangte hier nicht weniger als eine volle Bestätigung aller Rechte, die je ein dänischer König im Reiche geübt habe. Zum drittenmal gab ein deutscher Herrscher die nordalbingischen Lande preis; von Reichs wegen sind diese Gebiete in der Tat schlecht genug behandelt worden. Von seiten Christians lag ein vollständiges Zurückkommen auf die Politik Waldemars des Siegers vor, wie sein Vater schon ähnliches geträumt hatte, und wie es später noch einmal Christian IV. versucht hat. Herzog Friedrich von Schleswig-Holstein, der Neffe des Königs, und die Stadt Lübeck wurden vom Kaiser verständigt, jener, daß die Lehnshoheit über Holstein von jetzt ab dem Könige von Dänemark zustehe, diese, daß Christian II. wieder alle Rechte in der Stadt übe, die seine Vorfahren jemals besessen hätten. Die Antwort war, trotz der kaiserlichen Mahnung, ein Kriegsbündnis der Bedrohten, denen sich die übrigen wendischen Städte anschlossen. Lübeck betonte, was es schon oft hervorgehoben hatte, daß es seine Pflicht sei, an des Reiches Enden sich dem Reiche zu erhalten. Diesmal war auch Danzig bereit zur Mitwirkung, gereizt durch schwere Störungen seines Verkehrs. Schon 1522 kam es zu kriegerischen Zusammenstößen auf der See; für den nächsten Frühling stand ein allgemeiner Angriff bevor. Ehe er noch zur Ausführung kommen konnte, erwuchs dem Könige ein weiterer Gegner.

Christian II. ist von allen, die in neuerer Zeit in Dänemark national und liberal gedacht haben, gepriesen worden als der Monarch, der Dänemark und den Norden habe groß und mächtig, das Volk aber frei machen wollen von der Ausbeutung durch die bevorrechteten Klassen. Man kann zugeben, daß der König derartige Ziele verfolgte, wenngleich die Freiheit, die er dem Volke zudachte, wohl weit mehr ein Wechsel des Herrn, ein Ersetzen des Adels durch die Krone bedeutete. Aber wenn man ihm wegen solcher Bestrebungen Sympathien zugesteht, so kann andererseits das Urteil über die Art, wie er sie durchzuführen unternahm, nur als scharfer Tadel Ausdruck finden. Nicht allein in Schweden, auch im eigenen Reiche hat Christian II. durch enge Verbindung mit völlig unwürdigen Handlangern seiner Macht, durch Willkür und Grausamkeit weite und natürlich zumeist die maßgebenden, einflußreichen Kreise gegen sich aufgebracht. Es war wieder zuerst Jütland, dessen Adel und Geistlichkeit von Stimmungen zu Handlungen übergingen. Sie verbanden sich mit Herzog Friedrich. Da Schweden inzwischen bis auf Stockholm in die Hände der Aufständischen gefallen war, so ergab sich die gleiche Verbindung, der einst Waldemar Atterdag erlegen war: die Städte und Schweden, Schleswig-Holstein und der dänische Adel gegen die dänisch-norwegische Krone; nur Mecklenburg fehlte. Das Resultat war dasselbe wie 1368. Am 14. April 1523, als Jütland schon verloren war und der Feind eben über den Kleinen Belt setzte, verließ Christian II. Kopenhagen mit soviel Schiffen und Gut, als er hatte zusammenbringen können, und

Abb. 74. **Christian II., der letzte Unionskönig.** Gemälde von Lukas Kranach. (Zu Seite 103.)

entwich in die Niederlande, eine Stütze zu suchen an seinem Schwager, dem Kaiser. Die tapfer verteidigte Hauptstadt hat erst gegen Ende des Jahres von den sie zu Lande und zur See belagernden Herzoglichen und Städtischen zur Übergabe gebracht werden können. Inzwischen war der von den Jüten zum Könige gewählte Friedrich von Schleswig-Holstein im ganzen Reiche anerkannt worden.

Er verdankte seine Erhebung nicht zuletzt den Lübeckern und ihren Bundesgenossen. Sie hatten den Seekrieg allein geführt und auf dem Lande wertvolle Hilfe geleistet. Ohne sie hätte König Friedrich die Krone nicht erwerben, sie auch wohl kaum behaupten können. Die Lübecker haben wiederholt und nicht ohne Grund erklärt, daß sie es in der Hand hätten, mit Christian II. ihren Frieden zu machen; sie fühlten sich ihm, im Verein mit den Schweden, gewachsen. Natürlich hatten sie volle Bestätigung der hansischen Privilegien davongetragen. Auch nahmen sie im Norden eine Stellung ein, einflußreich wie kaum je. Dem Eingreifen der städtischen Ratsherren und besonders des ebenso klugen wie entschlossenen Lübecker Bürgermeisters Thomas von Wickede war es allein zuzuschreiben, wenn die drohend aufsteigende Gegnerschaft der beiden neuen nordischen Könige, die für alle Verbündeten gleich gefährlich war, im August 1524 auf einer Zusammenkunft der beiden Herrscher in Malmö einigermaßen ausgeglichen wurde. Aber Lübeck und seine wendischen Genossen kamen zu keiner rechten Freude über ihren Erfolg. Die See schwärmte von Kapern, treugebliebenen Dienern Christians II. oder Freibeutern, die in seinem Namen auf Raub ausgingen. Von dem Kampfe, den der Lübecker Bergenfahrer Karsten Thode mit einem der letzteren, dem gefürchteten Seeräuber Marten Pechlin im November 1526 in einer norwegischen Bucht zu bestehen hatte, ist uns eine drastische Schilderung erhalten, die den Hergang bis aufs einzelnste erkennen läßt und einen

Abb. 75. Der Fürstensaal im Rathause zu Lüneburg. (Zu Seite 90.)

prächtigen Beleg gibt für den mannhaften Sinn und die wehrhafte Kraft, die im hansischen Schiffer- und Kaufmannsstand lebendig waren. Der Gefährlichste dieser Feinde war der alte „Seelöwe" Sören Norby, der als von Christian II. bestellter Hauptmann Gotland inne hatte, und „dessen Gesundheit es erforderte, in den Kramkisten der Lübecker zu wühlen und an ihren Kräutersäcken zu riechen". Ein Versuch der Lübecker, unter ihrem Ratmann Kort Wibbekink, der sie vor Kopenhagen geführt hatte, sich der Insel zu bemächtigen, unternommen, als Sören Norby durch einen plötzlichen Angriff auf Schonen die eben begründete Herrschaft König Friedrichs zu erschüttern drohte, führte zwar zu glücklicher Erstürmung Wisbys, endete aber mit der Übergabe von Stadt, Burg und Insel an den neuen dänischen König. Als eine Art Entschädigung ward den Lübeckern der fünfzigjährige Besitz von Bornholm zugestanden.

Schmerzlicher noch als diese Schwierigkeiten traf aber die Enttäuschung, die man in betreff der Niederländer erfuhr. Daß Christian II. in deren Gebiet Zuflucht suchte, hatte Lübeck und Genossen noch besonders in der Hoffnung bestärkt, daß man die Um-

Abb. Bremer Rathaussaal. (Zu Seite 90.)

wälzung werde benutzen können zur Einschränkung der verhaßten Konkurrenten in dem umstrittenen Handelsverkehr. Nun lag den Niederländern aber nichts ferner, als sich zu Parteigängern Christians II. zu machen, da eine derartige Haltung unvermeidlich zur Störung ihres Ostseehandels hätte führen müssen, ja diesem hätte verhängnisvoll werden können. Sie wußten eine Unterstützung Christians II. durch ihre Regierung zu hintertreiben und suchten und fanden rascheste Verständigung mit Friedrich I. und den dänischen Reichsrat, die trotz des Dankes, den man Lübeck schuldete, von der Überlieferung, in den Niederländern ein Gegengewicht gegen die Hanse zu sehen, nicht ließen und nicht lassen konnten. Dazu hat König Friedrich durch Bestimmungen über innerdänischen Verkehr, die von der Hanse nicht ernstlich angefochten werden konnten, deren Handel nachhaltiger getroffen als Christian II. durch seine überstürzten Gewaltmaßregeln. Die besonders in Lübeck gehegten Hoffnungen blieben also unerfüllt.

Da ist es Christian II. im Spätherbst 1531 doch gelungen, von Medemblik in Nordholland aus mit einer Expedition in See zu stechen und sich zunächst an einer Rückeroberung Norwegens zu versuchen. Er war 1530 in Innsbruck wieder zur alten Kirche übergetreten und hatte dadurch die Unterstützung des Kaisers gewonnen. Das Unternehmen mißlang. Es endete im Juli 1532 mit der Gefangennahme des Königs, die dänischerseits vollzogen wurde, trotzdem sie ohne groben Bruch gegebener Zusagen nicht durchführbar war. Christian II. hat den Rest seines Lebens, fast noch 27 Jahre, auf den Festen Sonderburg und Kallundborg in zum Teil enger Haft zubringen müssen. Der Erfolg hatte aber nicht errungen werden können, ohne Lübecks Flotte in Anspruch zu nehmen, die sich nochmals der dänischen an Schlagfertigkeit und Leistungsfähigkeit überlegen erwies. Ihre Hilfe war nur gewährt worden gegen Zusagen über Einschränkung der Niederländer, deren Mitschuld an Christians Angriff nicht wohl geleugnet werden konnte. Als es galt, die Zusagen einzulösen, ergaben sich Schwierigkeiten. Weder König noch Reichsrat wollte es dauernd mit den Niederländern verderben. In dieser Lage schied Friedrich I. im April 1533 aus dem Leben.

Inzwischen hatte sich in Lübeck eine bedeutungsvolle Umwälzung vollzogen. Teils aus Streitigkeiten, die sich aus dem Eindringen der neuen Lehre ergaben, teils infolge von Differenzen, die aus den unbequemen, durch die zahlreichen Kriegsrüstungen des letzten Jahrzehnts erwachsenen Lasten ihren Ursprung nahmen, hatte sich ein Zerwürfnis zwischen Rat und Gemeinde herausgebildet, das mit dem Sturze des ersteren und dem Entweichen mehrerer seiner angesehensten Mitglieder aus der Stadt endete. Vornehmster Machthaber wurde im neuen Rate bald Jürgen Wullenweber, ein nach Lübeck übergesiedelter Hamburger, der als Volksführer ein unleugbares Geschick besaß, als Leiter der auswärtigen Politik aber vollständig aller jener Eigenschaften entbehrte, denen Lübeck und die Hanse bisher ihre Erfolge verdankt hatten. Es fehlt nicht an Zügen, die zu der Annahme berechtigen, daß in der Travestadt, wohl gezeitigt durch die errungenen Vorteile und Erfolge, in kaufmännischen Kreisen ein übermütiger, hochfahrender Ton in Brauch gekommen war, der tapferen, volltönenden Worten einen sonst nicht üblichen Wert beimaß. Wullenweber wurde der Wortführer der Stadt in den Verhandlungen mit Dänen und Niederländern (Abb. 72 u. 73).

In Dänemark war durch des Königs Tod eine Änderung ähnlicher Art eingetreten. Friedrichs I. Hinneigung zur Reformation, die bei seinem zunächst erbberechtigten Sohne in noch erhöhtem Maße vorhanden war, hatte die vornehme Geistlichkeit verdrossen; unter dem Adel waren nicht wenige, die durch das, was der Thronwechsel ihrem Stande an Vorteilen gebracht hatte, nicht befriedigt waren. So kam es zu dem Beschlusse, die Königswahl einstweilen auszusetzen. In der Zwischenzeit für ein verantwortliches Reichsregiment zu sorgen, hat man nicht für nötig gehalten. Für die Beziehungen zu Lübeck war das kein Vorteil.

Die Gesinnungen, in denen Wullenwever die Verhandlungen führte, spiegeln sich in Versen wieder, die während seiner Anwesenheit in Kopenhagen im Sommer 1533 eines Morgens an der Tür des dortigen Rathauses gelesen wurden:

> Lübeck, klein und doch groß, verzage nicht!
> Die Buben sind bloß, sie tun dir's nicht.
> Zwei Könige hast du gemacht und den dritten aus dem Lande getrieben;
> Noch seid ihr die mächtigen Herren von Lübeck geblieben!

Wenn die Versuche, zu einem bestimmten Abkommen über die Zulassung des niederländischen Handels zu gelangen, völlig scheiterten, so lag der Grund auch zum nicht geringen Teile in dem altüberlieferten Gegensatze zwischen dem Stadtregiment und dem schleswig-holsteinischen Adel, der, neu geweckt durch Besitzfragen, die sich an die Kirchenänderung knüpften, wieder einmal scharf in die Erscheinung trat. So selbstbewußten und leistungsfähigen Vertretern ihres Landes und Standes, wie die Brüder Johann und Melchior Ranzau und Wulf Pogwisch waren, konnte es nicht in den Sinn kommen, vor der neugebackenen Würde eines Jürgen Wullenwever zurückzuweichen. Die Holsteiner

Abb. 77. Ratssilber im Besitze des Senats zu Bremen.
(Zu Seite 90.)

waren es, die geradezu ein dänisches Bündnis mit den Niederländern zu stande brachten. Als diese, die von jeher in den Verhandlungen mit den Hansen sich ebenso selbstbewußt wie zäh gezeigt hatten, die besonders auch um Einwände und Ausreden nie verlegen gewesen waren, sich im März 1534 in Hamburg dem gespreizten und reizbaren Wullenwever gegenüber sahen, behandelten sie ihn mit ruhiger Überlegenheit und ließen sich hören, daß es nichts Neues sei, wenn eine Stadt sinke, die reich und mächtig gewesen; so sei es Wisby ergangen; kleine Städte würden groß und große klein, das sei so Gottes Wille.

Unter diesen Eindrücken ist in Wullenwever ein Entschluß gereift, dessen Anfänge in die Zeit der Kopenhagener Verhandlungen im vorausgegangenen Sommer zurückgehen. Er bezweckte nichts Geringeres, als die im Königreich und den Herzogtümern maßgebenden Gewalten völlig über den Haufen zu werfen und dann eine Neuordnung durchzuführen, die Lübeck eine beherrschende Stellung im Sunde zu sichern und damit die Überwachung und Regelung des Ostseeverkehrs in seine Hände zu legen bestimmt war.

Dazu sollten vor allem die dänischen bürgerlichen und bäuerlichen Kreise mitwirken, zunächst die Städte Kopenhagen und Malmö. Sie waren ebenso unzufrieden mit der Hinderung der Reformation wie mit den Ansprüchen des Adels; die Städte erstrebten eine größere Selbständigkeit im Sinne der hansischen Gemeinwesen, vielleicht auch einen

Anschluß an den Bund. Die Umwälzung sollte versucht werden im Namen des gefangenen Christian II., den man befreien wollte, und der beim gemeinen Manne als Gegner der bevorrechteten Stände in einem Ansehen stand, das durch sein Geschick noch gesteigert worden war. Es ist nicht unwahrscheinlich, daß in diesen dänischen Kreisen der Plan seinen ersten Ursprung genommen hat. Der Versuch seiner Durchführung begann im Mai 1534, indem Lübecker Kriegshaufen unter der Führung des Grafen Christoph von Oldenburg in Holstein einfielen. Es folgten die Erhebung Malmös, die Landung der Lübecker auf Seeland, Kopenhagens Einnahme und der Aufstand der ländlichen Bevölkerung in fast allen Teilen des dänischen Reiches. Der Adel Schonens und der Inseln beugte sich vor dem Sturme und schloß sich äußerlich der Bewegung an.

Es zeigte sich aber bald, daß Lübecks Kraft auch unter der neuen Leitung nicht ausreichte, das verwegene Beginnen durchzuführen, daß die konservativen Gewalten die stärkeren waren. Von den wendischen Städten leisteten nur Rostock, Wismar und Stralsund, in denen die Gemeinden sich in gleicher Weise gegen den Rat erhoben hatten wie in Lübeck, eine mäßige Kriegshilfe; von weiterher blieb jede Unterstützung aus. Der jütische Adel blieb fest und suchte Rettung, indem er Herzog Christian von Schleswig-Holstein zum Könige wählte. Die deutschen Fürsten, voran Landgraf Philipp, standen mit ihren Sympathien durchaus auf des Herzogs und neuen Königs Seite und ließen es auch an tätiger Beihilfe nicht fehlen. Und dann erhob sich als neuer, gefährlicher Gegner Gustaf Wasa. In Lübeck meinte man, ihn völlig in der Hand zu haben; es gab dort Kaufherren, die ihn gleichsam als ihr Geschöpf ansahen. Er hatte der Stadt 1523 nicht nur ihre früheren Rechte in weitestem Umfange bestätigt, sondern auch einem um diese Zeit wiederholt, auch für Dänemark, zum Ausdruck gebrachten Wunsche Lübecks entsprochen, nämlich dieser Stadt die Entscheidung überlassen, welchen hansischen Genossen sie Teilnahme an den Privilegien gestatten wolle und welchen nicht. Man hört in dieser Zeit in Lübeck mehr als einmal klagen, daß man für die Hanse alle Lasten trage, alle Kriege und alle Verhandlungen führe und Gesandtschaften zahle, an den erworbenen Rechten dann aber jeder Anteil habe. Nicht lange, so war Gustaf Wasa, den Bedürfnissen seines Volkes Rechnung tragend, doch mit den Niederländern in Verbindung getreten. Er war nicht der Mann, der seine Politik durch Dankespflichten abdrängen ließ von dem Wege, den ihr das Wohl seines Reiches vorzeichnete. Dazu sah das Übermaß der Forderungen, die von seinen Lübecker Freunden für ihre Leistungen gestellt wurden, und die Art, wie sie seine, des Geldarmen, Naturalienlieferungen in Gegenrechnung stellten, einer geschäftsmäßigen Ausbeutung nur zu ähnlich. So ward Gustaf Wasa aus dem „Engel", der er früher gewesen war, der „Teufel".

In der „Grafenfehde", so genannt, weil für Dänemark Graf Christoph von Oldenburg, für Schweden Graf Johann von Hoya, Gustaf Wasas eigener Schwager, als neue, „von Lübeck gemachte Könige" in Aussicht genommen waren, ist die von Wullenwever geleitete Stadt völlig unterlegen. Eng eingeschlossen, so daß kaum noch die Trave offen blieb, mußte sie mit den Holsteinern im Oktober 1534 einen Sonderfrieden schließen. Dann warfen diese den jütischen Aufstand in blutigem Kampfe nieder; Gustaf Wasa nahm Schonen ein. Jürgen Wullenwever mußte den Mecklenburger Herzog Albrecht zu verlocken, dem Unternehmen seinen Namen (diesen mehr als seine Kräfte) zu leihen. Am 11. Juni 1535 besiegte der kriegskundige Johann Rantzau am Ochsenberge bei Assens auf Fünen Lübecks und des Herzogs Haupttruppe unter Johann von Hoyas Führung vollständig; der Graf verlor selbst das Leben. Fünf Tage später wurden im Svendborgsund an der Küste derselben Insel zehn lübische Schiffe von der überlegenen Flotte des Feindes, die aus dänischen, schwedischen, norwegischen, schleswig-holsteinischen und preußischen Fahrzeugen bestand, sämtlich vernichtet. Wullenwever mußte vom Regiment zurücktreten. Ein zunächst in Lüneburg, dann in Lübeck tagender Hansetag übte einen Druck aus, dem die Führer der neuen Ordnung sich um so weniger widersetzen

Abb. 78. Geldwechsler. Gemälde von Marinus van Roymerswale in der Pinakothek zu München.

konnten, als die Niederlagen draußen ihre Anhängerschaft in der Stadt stark gelichtet hatten. Die konservativen Tendenzen, welche die Hanse in innerstädtischen Fragen stets vertrat, hatten unter dem Eindruck der münsterschen Hergänge erhöhte Kraft gewonnen. Man mußte sich, wie Stimmung und Begehren der Fürsten waren, vergegenwärtigen, daß mit solch tumultuarischem Treiben die Selbständigkeit der Städte aufs Spiel gesetzt wurde. Die jüngsten Vorgänge hatten auch die wendischen Gemeinden der Wiedertäuferei dringend verdächtig gemacht. Die zurückgekehrten früheren Machthaber haben doch die begonnene Politik nicht sofort abgebrochen, wie sie denn auch der kirchlichen Neuerung keinen Einhalt haben tun können. Im November ist noch einmal eine ansehnliche städtische Flotte in See erschienen, Kopenhagen, das sich noch verteidigte, zu verproviantieren. Aber dann hat man doch im Februar 1536 zu Hamburg mit dem neuen dänischen Könige Frieden geschlossen. Malmö hat sich nicht bis in den April, Kopenhagen gar bis in die letzten Julitage gehalten. Die Zeitgenossen haben es mit Jerusalem verglichen. „Es war nichts Eßbares mehr in der Stadt, nicht Pferde, nicht Hunde, nicht Katzen, nicht Krähen, nichts. Hätte Kgl. Maj. sie nicht zu Gnaden angenommen, sie hätten am andern Tage ihre Kinder essen müssen; sie hatten nichts als das Laub auf den Bäumen." Herzog Albrecht von Meklenburg und Graf Christoph von Oldenburg haben mit der Stadt bis zu Ende ausgehalten.

Jürgen Wullenwever hatte Lübeck räumen müssen. Er geriet in die Hand Herzog Heinrichs des Jüngeren von Braunschweig, der in allen Fragen der Zeit ein Vertreter der scharfen Reaktion war, und der nun den Gefallenen durch ein wolfenbüttelsches Landgericht aburteilen ließ. Wullenwever ist am 24. September 1537 zu Steinbrück mit dem Schwerte hingerichtet, der Leichnam geviertteilt und aufs Rad gelegt worden. Sein kühnes Wollen und sein trauriges Ende, das nicht herbeigeführt werden konnte ohne groben Rechtsbruch, haben ihm viel Teilnahme, in entsprechend gestimmten Zeiten auch Verehrung und Bewunderung erworben, aber wenn die Beschuldigungen, die gegen seine Ehrenhaftigkeit erhoben worden sind, auch abgelehnt werden müssen, so kann doch kein Zweifel bestehen, daß er seiner Vaterstadt und der Hanse schweren Schaden zugefügt hat. Der Rückgang war ja unvermeidlich, aber Wullenwever hat ihn nicht unwesentlich beschleunigt.

## VIII.

Die „Grafenfehde" ist der letzte hansische Seekrieg gewesen, an dem mehrere Städte beteiligt waren. Ihr Ausgang hat den Bund zu großen, geschlossenen Unternehmungen unfähig gemacht.

Im Frieden sind die hansischen Freiheiten neuerdings zugesagt worden. Auch ist Christian III., ein Mann von milder, verträglicher Gesinnung, trotz Wullenwevers heftiger Feindschaft den Hansen nicht ungnädiger, eher gnädiger gesinnt gewesen als seine Vorgänger bis zurück auf Waldemar Atterdag. Aber es ward nun Grundsatz, daß Landesrecht vor Vertragsrecht gehe, und die Städte wagten keine andere Gegenwehr mehr als Vorstellungen. In Dänemark-Norwegen ward bestimmt, was den Interessen der Einheimischen, besonders der Städtebewohner, nach ihrer und des Königs Auffassung entsprach, und das lief natürlich hinaus auf Übernahme des hansischen Handels in die eigene Hand, obgleich es nicht unbedeutende Teile der Bevölkerung gab, die in der Fortdauer der überkommenen Verkehrsbeziehungen ihren Vorteil sahen. Wie wenig die Städte es noch wagten, ihre Stellung kräftig zu wahren, zeigte sich in dem Kriege, den Christian III. im Anschluß an Frankreich und Kleve von 1542—1544 gegen Karl V. führte. Da die Niederländer jetzt als „Burgundische" Feinde der Dänen waren, so wäre Gelegenheit gewesen, verlorenes Verkehrsgebiet zurückzugewinnen. Aber die städtischen Handelsschiffe konnten nicht einmal die gewohnte Fahrt aufrecht erhalten, weil man nicht im stande war, seine Neutralität zu decken. Derselbe Friedrich Bruns, der die lübische Flotte in Norwegen und vor Kopenhagen ehrenvoll geführt hatte, wurde jetzt als Kauffahrer von den Dänen gekapert. Daheim fand man nicht den Entschluß, die Bürger, wie in früheren Tagen, vor den Kriegsschiffen und Freibeutern der Kriegführenden mit Waffengewalt zu schützen.

Abb. 79. Ein Kaufmann vom Stahlhof zu London. Gemälde von Hans Holbein d. j. vom Jahre 1532. (Zu Seite 120.)

Wenn man sich in Lübeck, trotz erregtester Stimmung der Bevölkerung, zurückhielt, so war dabei die Hoffnung von Einfluß, daß es Christian III. sein werde, der zur Aussöhnung mit Gustaf Wasa verhelfe. Schweden gegenüber hatten die Feindseligkeiten der Grafenfehde aufgehört, ohne daß ein Friede geschlossen worden wäre. Gustaf Wasa war fortgesetzt auf die Lübecker aufs schlechteste zu sprechen, und dieses Verhältnis hat unter seinen Söhnen fortgedauert, erst unter Gustaf Adolf eine Wandlung erfahren. Es hat Lübecks Handel mit Schweden unterbrochen bis ins siebzehnte Jahrhundert hinein; es ist im nordischen siebenjährigen Kriege ausgeartet zu offenem Kampfe, dem letzten, den Lübeck gewagt hat.

Eins der folgenschwersten Ereignisse des sechzehnten Jahrhunderts war für die deutsche Geschichte die Auflösung des livländischen Ordensstaates. Er war ein Lehen des deutschen Reiches, und das deutsche Reich wäre zunächst zur Erbschaft berechtigt gewesen. Aber der habsburgischen Politik lagen diese Verhältnisse fern, und eine andere Reichspolitik als die habsburgische gab es nicht mehr. Waren doch seit dem vierzehnten Jahrhundert für die Inhaber der Krone königlich-kaiserliche und landesherrliche Politik identisch gewesen und hatten es auch gar nicht anders sein können. So haben

Abb. 80. Georg Gisze, Kaufmann vom Stahlhof zu London.
Gemälde von Hans Holbein d. j. vom Jahre 1532. Im Berliner Museum.
(Zu Seite 120.)

die wohlbegründeten Ansprüche des Reiches auf Livland keinen andern als papiernen Ausdruck gefunden; Dänen und Schweden, Russen und Polen konnten unbehelligt um das Erbe streiten. Den Löwenanteil der Beute haben zunächst Schweden und Polen davongetragen, und das hat zwei Mächte, zwischen denen bisher nie etwas Trennendes gewesen war, auf Jahrhunderte zu erbitterten Gegnern gemacht. So haben die Russen den Weg an die offene Ostsee gefunden, und ihre Macht hat eine Ausdehnung gewinnen können, die heute schwer auf Mitteleuropa lastet. Eine weitere unmittelbare Folge war aber noch die, daß die Schweden Herren beider Küsten des Finnischen Meerbusens wurden und sich aus zwei Gründen zu strengen Aufsehern des gesamten Handels nach der Newa und Narwa aufwarfen, einmal weil sie wegen ihrer häufigen Zwistigkeiten mit den Russen ein lebhaftes Interesse daran hatten, diesen Verkehr zu überwachen, dann, weil sie als neue Besitzer der Stadt Reval diese tunlichst in den Alleinbesitz desselben zu bringen wünschten. Unmittelbar nach Estlands Besitzergreifung haben sie die Fahrt nach Narwa verboten. Die Schiffe, die im Frühling 1562 dorthin bestimmt waren, wurden, soweit sie Dänen und Niederländern, Engländern, Schotten und Ostfriesen gehörten, angehalten, nur in der Fahrt gehemmt, soweit sie aber lübisch waren, 32 an der Zahl, genommen und trotz lebhafter Reklamationen nicht zurückgegeben.

Das ist für Lübeck Veranlassung gewesen, sich Dänemark anzuschließen, das damals, zumeist eben wegen der livländischen Frage, mit Schweden auf gespanntestem Fuße stand. Dänemarks neuer König Friedrich II. hatte sich herbeigelassen, 1560 im sogenannten odenseschen Vertrage das Verhältnis zur Hanse neu zu regeln, nicht ohne Schmälerung, doch aber im ganzen mit Aufrechthaltung der früheren Rechte, besonders unter Anerkennung der Sundzollfreiheit der wendischen Städte. Eine so rasche Verständigung mit einem neuen Herrscher war noch selten erfolgt. Jetzt schloß Lübeck sich ihm an zum Kampfe gegen Erich XIV., Gustaf Wasas ältesten, machtbegierigen und gewalttätigen Sohn. Es blieb diesmal ohne jede Unterstützung von seiten anderer Städte. Stralsund und Danzig waren Erben seines Verkehrs mit Schweden, die mellenburgischen Städte zu abhängig von ihrem Landesherrn geworden, auch an der Narwafahrt wenig beteiligt; Hamburg hatte sein Sonderzerwürfnis mit Friedrich II. Durch den ausbrechenden Krieg wurden die sämtlichen deutschen Küstenländer der Ostsee schwer in Mitleidenschaft gezogen; sie blieben neutral, vermochten ihre Neutralität aber nicht zu decken. Im Innern des Reiches erhob sich eine Stimme, die des Kurfürsten August von Sachsen, die betonte, daß es auch dem Binnendeutschen nicht gleichgültig sein könne, ob die See für den Verkehr frei sei oder nicht. Über den Versuch der Vermittelung hinaus hat sich aber weder der Kaiser, noch das Reich, noch ein Reichsfürst gerührt. Die Lübecker haben sich in ihrem letzten Seekriege tapfer gehalten, in Schlachten, welche die erbittertsten und blutigsten waren, die das Baltische Meer bislang gesehen hatte (Abb. 81, 82 u. 84). Sie haben auch, als nach siebenjährigem Ringen 1570 in Stettin Friede geschlossen wurde, von Schweden die Zusage erhalten, überall im Reiche frei handeln zu dürfen, und das Versprechen, daß ihnen 75 000 Taler als Ersatz für die im Jahre 1562 genommenen Schiffe gezahlt werden sollten. Das Geld haben sie nie erhalten; die ihnen in Aussicht gestellten Rechte sind ihnen nicht bestätigt worden, und als, nach neuerdings von den Schweden erlassenem Verbot der Narwafahrt, ihre Schiffe 1572 die einträgliche Reise trotzdem versuchten, wurden sie von den Schweden genommen und für gute Prise erklärt. Klagen bei Kaiser und Reich haben nichts geholfen, und allein konnte die Stadt einen neuen Krieg gegen Schweden nicht führen. Sie mußte sich der Gewalt fügen.

\*    \*

Und das war die Lage, in der sie und ihre Genossen nun durch Jahrhunderte haben verharren müssen. Der Geldbedarf des siebenjährigen Krieges hat Friedrich II. ver-

Abb. 81. Schiffsmodell in der Rathaushalle zu Bremen. (Anfang des siebzehnten Jahrhunderts.)

Abb. 82. „Der Adler", lübisches Kriegsschiff vom Jahre 1566.
Gemälde in der Schiffergesellschaft zu Lübeck.

anlaßt, im Sunde neben dem überlieferten Schiffszoll noch einen Waren-, einen „Lastzoll", zu erheben, der nach der Ladung berechnet wurde und sich auf wesentlich höhere Beträge belief. Lübeck blieb während des Krieges mit der neuen Auflage verschont. Aber nachher wurde sie auch von seinen Bürgern gefordert, und als die Stadt sich bei Kaiser und Reich beklagte, war die dänische Antwort, daß das Lastgeld für die Lübecker auf das Doppelte erhöht wurde. Nur dringende Bitten beim Könige vermochten das rückgängig zu machen. Er soll sich später gerühmt haben, daß die Städte sich wohl beim Reiche über ihn beklagt hätten, daß sie ihm aber nach dem Munde sängen und noch Geld obendrein hätten bezahlen müssen.

Sein Sohn Christian IV. (Abb. 83), der ihm 1588 zu 60jähriger Regierung folgte, war ein so abgesagter Feind bürgerlichen Wesens, daß er es als eine Anmaßung bezeichnete, wenn „Krämer und Krauthöker" Staaten regieren und Kriege führen wollten. Er hat die hansischen Privilegien in seinen Reichen nicht mehr bestätigt und dem deutschen Handel geschadet, wo er nur konnte. Er förderte und begünstigte alle Bestrebungen, die darauf gerichtet waren, die Selbständigkeit der deutschen Städte zu untergraben. Er hat 1605 seinen Schwager Heinrich Julius, 1615 seinen Neffen Friedrich Ulrich von Braunschweig-Wolfenbüttel angestiftet, die Unterwerfung Braunschweigs zu versuchen, hat bei der zweimaligen Belagerung der Stadt selbst mit davor gelegen und sich leidenschaftlich aufgeregt, als er unverrichteter Dinge abziehen mußte. Da ist die Hanse doch noch einmal in Tätigkeit getreten. Lübeck, Hamburg, Bremen, Magdeburg und Lüneburg, die „korrespondierenden Städte", wie sie jetzt genannt werden, sind mit ihren Bannern im Felde

Abb. 83. Christian IV. (Zu Seite 115.)

erschienen und haben, das zweite Mal mit niederländischer Hilfe, das belagerte Braunschweig von seinen Bedrängern befreit.

Im sogenannten Kalmarkriege zwischen Dänemark und Schweden in den Jahren 1611 und 1612 hat Christian IV. Lübecks Handel schwer geschädigt, zeitweise sogar die Trave blockiert und der neutralen Stadt die Seefahrt völlig untersagt, um auf diese Weise jede Warenlieferung an Schweden zu verhindern. Für die Stadt ist das Veranlassung gewesen, sich den früher so verhaßten Gegnern, den Niederländern, zuzuwenden und mit diesen 1613 zum Schutze gegen die Willkür des Dänenkönigs ein Bündnis zu schließen, das sich nach der zweiten Belagerung Braunschweigs zu einer hansisch-niederländischen Vereinigung erweiterte. Christian IV. strebte auch wieder nach territorialem Gewinn auf deutschem Boden. Die Erwerbung des Erzbistums Bremen und des Bistums Verden für seinen zweiten Sohn Friedrich sollte ihm die Herrschaft über Elbe- und Wesermündung verschaffen, und Hamburg wünschte er das Schicksal zu bereiten, das die Wolfenbütteler Herzöge Braunschweig zugedacht hatten. Als er 1625 gegen Kaiser und Liga ins Feld zog, angeblich um die Sache des Protestantismus zu verfechten, in Wirklichkeit, um seinen gefährdeten geistlichen Besitz zu decken, da wurde die Lage der Hansestädte nicht unrichtig mit den Worten gekennzeichnet, sie müßten „entweder dänisch sterben oder kaiserlich verderben"; bei einem Siege des Dänenkönigs hätten sie ihre Selbständigkeit, bei kaiserlichem Siege ihre Religion einbüßen müssen. Sie haben daher auch keinen Finger gerührt, so lange Christian IV. sich als Vorfechter des Protestantismus gerierte; Magdeburg hat Freudensalven abgeben lassen, als die Kunde von der Schlacht bei Lutter am Barenberge eintraf.

Die Niederlage des dänischen Königs hat eine Situation geschaffen, in der die Hanse noch einmal in großen politischen Beziehungen erscheint. Der Kaiser und Spanien haben vereint den Versuch gemacht, die Seestädte in ihre Kreise zu ziehen; Wallenstein, der Wismar und Rostock einnahm, Stralsund sicher zu gewinnen hoffte, hat nachdrücklich in dieser Richtung gewirkt. Man meinte, Dänemark wirklich niederwerfen, vor allem aber den Niederländern den Ostseehandel, ihre vornehmste Nährquelle, nehmen zu können, wenn es gelänge, die Städte heranzuziehen. Hauptlockmittel war das Versprechen, sie wieder in den Besitz dieses Handels und des auf ihm beruhenden mächtig emporgeblühten Warenaustausches mit Spanien und Portugal zu setzen. Die Städte sind in neuerer Zeit mehrfach getadelt worden, daß sie auf die „maritime Politik der Habsburger" nicht eingingen. Die damalige Lage Deutschlands zur See ist von kaiserlicher Seite nur zu richtig geschildert worden: „Was könne einer so ansehnlichen, volkreichen, streitbaren, mächtigen Nation wie Deutschland verkleinerlicher, schimpf- und spöttlicher sein, als daß sie sich von andern, mit ihr gar nicht zu vergleichenden Völkern auf ihren eigenen Meeren und Flüssen jura et leges vorschreiben lasse und denselben nolens volens gehorchen müsse?" Es würde mit Recht auf die widerrechtliche Aufhebung der Privilegien in England, auf den englischen Tuchhandel in Deutschland und die willkürlichen Auflagen im Sunde hingewiesen. Aber die Städte hatten noch mehr Recht, wenn sie vor allem die Gefahren ins Auge faßten, mit denen ein Anschluß an Kaiser, Liga und Spanien sie bedrohte. Welcher Wert spanischen Privilegien beizumessen sei, das hatten sie bei ihrem Verkehr in den Reichen des Königs genugsam erfahren. Parteinahme für die Bundesgenossen und Schutzherren, die sich anboten, die Träger des Strebens nach einer Universalherrschaft, nach der „Monarchia", hätte ihnen die sofortige Feindschaft aller Seemächte, nicht nur der skandinavischen, sondern auch der Niederländer und Engländer, zugezogen, und wie wenig kaiserlich-ligistische Macht im stande war, sie dagegen zu schützen, das hat Gustaf Adolfs Auftreten in Deutschland unmittelbar darauf deutlich genug bewiesen. Und wie sollten die evangelischen Städte sich einem Ferdinand II. anvertrauen? Auf einem im Februar 1628 zu Lübeck abgehaltenen Hansetage, der noch einmal von nicht weniger als elf Städten von Köln bis Danzig besandt war, ergab sich als allgemeine Meinung, daß es nur darauf abgesehen sei, daß der Kaiser sich der Ostseehäfen bemächtige, dann eine große Armada ausrüste, die ganze Ostsee und anliegende Reiche beherrsche, die Niederlande wieder unter Spanien bringe, und die römische Konfession zurückführe. Man verharrte in der Neutralität;

Abb. 84. „Die Hoffnung", lübisches Kriegsschiff von 84 Kanonen.
Modell vom Jahre 1686 im Museum zu Lübeck.

das Verfahren gegen Stralsund war nicht geeignet, eine Umstimmung herbeizuführen. Kaiser und Reich, wie sie damals waren, konnten die Aufgabe, Deutschland zur See zu vertreten, nicht lösen.

In dem Maße, wie der hansische Handel in der Ostsee und in den nordischen Reichen zurückgedrängt wurde, wuchsen Niederländer und Skandinavier in ihm empor, besonders die ersteren. Dänen, Schweden und Norweger vermochten noch nicht unmittelbar die Erbschaft der Hanse anzutreten. Sie erscheinen wieder in den westeuropäischen Gewässern, wo sie in Jahrhunderten nicht gesehen worden waren; sie gewinnen auch einen breiteren Raum in ihrem eigenen Handel, aber im wesentlichen

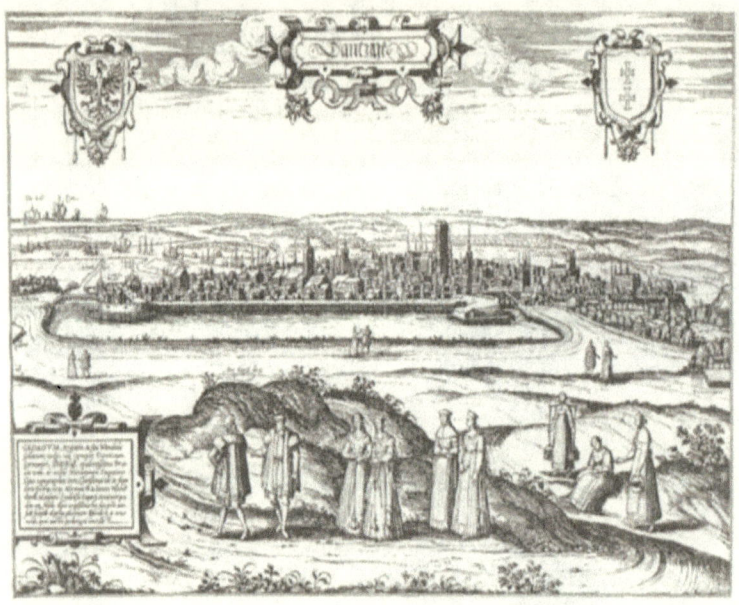

Abb. 85. Danzig im sechzehnten Jahrhundert.
Aus Braun und Hohenberg, 1574.

gestaltet sich die Sache zunächst doch so, daß die Niederländer eindringen, wo die Hansen den Platz räumen müssen, daß sie es besonders sind, die jetzt Skandinavien seinen Bedarf an fremden Waren zuführen, ihm seine Erzeugnisse abnehmen, wie früher die Hanse. Erst im achtzehnten und neunzehnten Jahrhundert haben die nordischen Völker vermocht, sich auf die eigenen Füße zu stellen. Vor allem bringen aber nun die Niederländer unaufhaltsam in die Ostsee ein. Die Sundzollisten gestatten, das einigermaßen ziffernmäßig festzulegen: 1528 gehen z. B. 543 niederländische Schiffe durch den Sund, dagegen 2892 im Jahre 1563. Weiterhin steigen die Zahlen noch mehr. Kriegs- und Kaperzeiten vermögen sie leichter zu ertragen. Hinter ihnen steht die spanische Weltmonarchie, deren Herrscher, so lange sie die Niederlande zu ihrem Reiche zählten, ganz besondere Rücksicht auf deren Ostseehandel genommen haben. Selbständig geworden hatten „die Staaten" selbst die Kraft, zum Schutze ihrer Schiffahrt einzuschreiten. Im Kalmarkriege zeigte sich deutlich, welchen Unterschied selbst Christian IV. machte zwischen Niederländern und Lübeckern. Die Feindschaft zwischen Dänen und Schweden, wie sie unter diesem Könige unversöhnlich emporschoß, bot dann eine neue Handhabe, um sich, anfangs durch Annäherung an Schweden, dann umgekehrt, gegen Willkür zu decken. Der Übergang der dänischen Provinzen jenseit des Sundes an das Nachbarreich und dann die Erhaltung der Selbständigkeit Dänemarks sind nicht zuletzt der Mitwirkung der Niederländer zuzuschreiben. Sie blieben Meister im baltischen Handel, bis sie im Laufe des achtzehnten Jahrhunderts den Engländern weichen mußten. Der Handel der Hansestädte wurde dann noch besonders getroffen durch die Verödung, welche der 30jährige Krieg über Binnendeutschland brachte. Lübeck, Hamburg, Bremen, Stralsund, Braunschweig haben keinen Feind in ihren Mauern gesehen, unter dem Kriege aber gleichwohl schwer gelitten.

Die Ursachen, die die Lage änderten, liegen klar genug zu Tage. Die Auflösung der skandinavischen Union, wie sie sich mit dem Emporkommen Gustaf Wasas vollzog, hatte zwar den Gegensatz zwischen Dänemark und Schweden nicht beseitigt, doch aber den Eroberungsgedanken ein Ende gemacht. An die Stelle des fast stetigen Fehdestandes trat ein verhältnismäßig gesicherter Friede, der in dem Jahrhundert, das auf Gustaf Wasas Regierungsantritt folgte, nur zweimal unterbrochen worden ist. Die innere Festigung der Reiche machte durch die Einführung der Reformation und den Ausgang der Grafenfehde bedeutende Fortschritte; der Bestand der Dynastien ward gesichert, die Macht der Krone nicht unwesentlich vermehrt. Beide Staaten verfügten über Machtmittel für äußere Aktion, denen die isolierten Städte nicht gewachsen waren. Nur wenn diese in deutschen Landen einen Rückhalt gefunden hätten, wäre es ihnen möglich gewesen, zu widerstehen und wenigstens ihre Gleichberechtigung auf den Meeren zu behaupten. Aber eben da fehlte es. Ein Reich, das den Namen verdiente, gab es nicht, und die Landesfürsten standen den Städten noch genau so gespannt gegenüber wie im vierzehnten und fünfzehnten Jahrhundert. Sie erblickten in der Schädigung und Erniedrigung der Städte eher einen Gewinn als das Gegenteil. Was früher den Städten der Nährboden ihrer Stärke gewesen war, die Zersplitterung des Reiches, ward jetzt Ursache ihrer

Blick auf Brotzeit von Hamburg.

Schwäche. Den neuen Aufgaben waren sie nicht gewachsen, und eine Änderung ihrer Lage stand nicht in ihrer Macht.

Die Umwandlung, die sich im Norden vollzogen hatte, Festigung der Dynastien und Stärkung der landesfürstlichen Gewalt, war eine allgemein europäische. Sie hat unter Ludwig XI. ein neues Frankreich geschaffen, unter Ferdinand und Isabella ein spanisches Reich. Sie ist auch auf deutschem und italienischem Boden zur Geltung gekommen, nur nicht im Rahmen der Nation, sondern des Territorialstaats. Überall aber sind dem so gestärkten Staatswesen bald auch wirtschaftliche Aufgaben gestellt worden. Die Monarchien nahmen sich ihrer mit einem Nachdruck und einer Beharrlichkeit an, wie sie früher nur in den Stadtstaaten entwickelt werden konnten. Ganz besonders ist das in England geschehen.

Mit der Thronbesteigung Heinrichs VII., des ersten Tudor, können die englischen dynastischen Wirren als beendigt angesehen werden. Der neue Herrscher wandte sich alsbald auch den Aufgaben zu, die ihm von dem handel- und schiffahrttreibenden Teil seiner Untertanen so dringend nahe gelegt wurden. Schon er hat die Hanse durch willkürliche Forderungen hart bedrängt und manche Sorge über den Kaufmann gebracht. Sein Sohn und Nachfolger Heinrich VIII. setzte das fort. Langwierige, kostspielige Verhandlungen sind geführt worden, die ohne klares Ergebnis verliefen, und in denen die Engländer durch Skrupellosigkeit, Hochfahrenheit und Spitzfindigkeit selbst die zähe Ausdauer der Hansen auf härteste Proben stellten. Aber man hat dem hansischen Handel in England noch nicht ans Leben gegriffen. Er hat sich bis in die zweite Hälfte des sechzehnten Jahrhunderts in immer noch ansehnlichem, beträchtlichen Gewinn abwerfendem Umfange erhalten. (Abb. 79 u. 80.) Erst unter Königin Elisabeth ist das anders geworden.

Abb. 87. Rostock im sechzehnten Jahrhundert.
Aus Braun und Hohenberg, 1574.

Abb. 88. Rostock, über die Warnow gesehen. Nach Photographie.

Sie verstand es in bewundernswerter Weise, den entwickelungsfähigen Bestrebungen, die in ihrem Volke zu Tage traten, zum Erfolge zu verhelfen. In der Kunst, diese Bestrebungen nach außen zu vertreten, sie nicht nur als berechtigt, sondern als selbstverständlich erscheinen zu lassen, jeden Zwischenfall für ihr Volk auszubeuten, war sie Meister. Sie hat den Grund gelegt zu Englands Seeherrschaft, und sie hat dem hansischen Handel in ihrem Lande ein Ende gemacht.

Ihn in die eigenen Hände zu bringen, war schon lange der Wunsch der „abenteuernden Kaufleute" (merchant adventurers) gewesen, an deren Spitze derzeit ein Mann von besonderer Tatkraft und seltenem Scharfblick, Thomas Gresham, stand. Es handelte sich dabei vor allem um die Ausfuhr der Tuche und der Wolle nach dem Festlande, die seit langem das Hauptgeschäft der Hansen ausmachten. Gründung von Niederlassungen der „abenteuernden Kaufleute" in niederländischen und deutschen Städten, nach- und nebeneinander in Middelburg, Emden, Hamburg und Stade, und Beschränkung des Ausfuhrrechts der Stahlhofsgenossen durch königliche Verfügungen waren die Mittel, die man anwandte und denen man steigenden Erfolg verdankte. Die Hanse wehrte sich, indem sie ihren Gliedern die Aufnahme der englischen Kaufleute untersagte; die Antwort war die Aufhebung der hansischen Freiheiten in England im Jahre 1579. In ihren eigenen Reihen stieß die Hanse auf Widerstand. Hatte sie das Gleiche in den Tagen des Glanzes erfahren, so war es nicht überraschend in denen der Auflösung. Nur widerstrebend und zeitweise entschloß sich Hamburg, auf den Vorteil zu verzichten, den es aus dem Aufenthalt der Engländer zog. Die Hanse rief das Reich zu Hilfe. Es faßte Beschlüsse auf Reichstagen und dekretierte 1597, nicht zuletzt auf Betreiben des englandfeindlichen Spaniens, die Verbannung der merchant adventurers vom Boden des Reiches. Der Erlaß hat mehr als papierenen Wert nicht gehabt; denn es sind Mittel und Wege gefunden worden, ihn zu umgehen. Aber er war Anlaß, daß die Königin den Stahlhof schließen ließ. Der fast ein halbes Jahrtausend alte Besitz ist den Hansen 1606 zurückgegeben worden; seine Bedeutung hat er nie wieder gewinnen können. Der hansische Handel in England schwand dahin vor dem siegreichen einheimischen. Nicht nur in den Seestädten, bis tief ins Innere Deutschlands hinein vertrieben die Engländer ihre Tuche und erwarben die Waren, die sie ihrer Heimat zuzuführen wünschten. Als die Navigationsakte erlassen wurde, konnten die drei Städte, die sich noch als Hansestädte bezeichneten und ihren Seehandel noch selbst vertraten, nur mit großer Mühe das Zugeständnis erlangen, daß die Auslegung des Ausdrucks „ihre" Waren nicht beschränkt wurde auf die in den Städten selbst erzeugten Gegenstände.

Es kann vernünftigerweise nicht bestritten werden, daß in den Forderungen der Engländer etwas Berechtigtes lag. Daß sie Anteil begehrten an dem Handel mit den

Waren ihres Landes, war natürlich. Aber nicht minder selbstverständlich war, daß die Hansen festzuhalten suchten, was sie besaßen, und vollauf berechtigt war ihr Anspruch, ihren Bedarf an fremder Ware tunlichst durch eigenen Handel zu decken. Unter normalen Verhältnissen wäre das Ergebnis ein Ausgleich auf mittlerer Linie gewesen. Wenn der Zwist mit dem vollen Siege Englands endete, so war das keineswegs die Folge irgend welcher wirtschaftlichen Überlegenheit oder gar freierer wirtschaftlicher Anschauungen. Nichts wäre falscher als die Meinung, daß England, etwa durch seine Lage, zur Handels- und Seeherrschaft prädestiniert gewesen sei. Durch ein Jahrtausend hat sich seine Entwicklung in agrarischen Bahnen bewegt und ist erst im neunzehnten Jahrhundert endgültig aus ihnen hinausgedrängt worden. Im sechzehnten war es, ganz ab-

Abb. 89. Ansicht von Wismar aus dem Jahre 1595.
Nach Fr. Schlie, „Die Kunst- und Geschichtsdenkmäler des Großherzogtums Mecklenburg-Schwerin."

gesehen davon, daß es seiner geringen Ausdehnung wegen neben Deutschland, wenn dieses wirklich ein Reich gewesen wäre, als Macht ja gar nicht hätte genannt werden können, wirtschaftlich und besonders in Handels- und Gewerbtätigkeit Deutschland keineswegs überlegen, stand hinter den Niederlanden erheblich zurück. Sein Übergewicht unter der Königin Elisabeth war ausschließlich ein politisches. Hätte das deutsche Reich seine Beschlüsse wirklich zur Durchführung gebracht, so hätte von einer Niederlage nicht die Rede sein können. Wäre auch nur die Hanse dauernd zu einheitlicher Haltung zu bringen gewesen, so hätte der englische Kaufmann seine Ziele kürzer stecken müssen. So aber erreichte er, was er wollte; der nationale Einheitsstaat, vertreten durch den starken Willen einer genialen Frau, siegte über die vereinzelten Stadtstaaten, die als Trümmer eines verschwundenen Zuständen angepaßten Bundes die Reste alter Herrlichkeit zu verteidigen suchten.

Abb. 90. Wismar. Kolorierte Federzeichnung aus der ersten Hälfte des siebzehnten Jahrhunderts. Nach Fr. Schlie, "Die Kunst- und Geschichtsdenkmäler des Großherzogtums Mecklenburg-Schwerin."

## IX.

Es ist lange gebräuchlich gewesen, den Niedergang der Hanse in Verbindung zu bringen mit der Entdeckung Amerikas und der Auffindung des Seewegs nach Ostindien. Der Welthandel habe andere Wege eingeschlagen; für sie habe die Hanse keine so günstige Lage gehabt; diese sei auch nicht lebendig und tätig genug gewesen, um sich in die neuen Aufgaben hineinzufinden!

Es muß gegenüber diesen so oft wiederholten Behauptungen schon auffallen, daß Deutschland im neunzehnten Jahrhundert am amerikanischen, am ostindischen und auch am ostasiatischen und australischen Handel einen Anteil gewonnen hat, der den benachbarten „günstig gelegenen Länder", Spaniens, Portugals und auch Frankreichs, unendlich weit übertrifft. Es muß also wohl etwas anderes entscheidend sein als die „günstige" geographische Lage. Die ganze Auffassung beruht auf einer vollständigen Verkennung der unmittelbaren Folgen der großen Entdeckungen und auf einer völligen Unkenntnis dessen, was gleichzeitig in den deutschen Seestädten vor sich ging.

Nur Ostindien hatte Produkte aufzuweisen, die den Handel dorthin sofort lohnend machten. Gleich Vasco da Gamas Fahrt brachte reichen Gewinn. Die Folge der Auffindung des neuen Weges war, daß sich der Markt für indische und zum Teil auch für orientalische Waren, an deren Verbrauch der Europäer sich längst gewöhnt hatte, von den Mittelmeerhäfen, von Venedig und Genua, nach Lissabon verlegte.

Anders Amerika! Es hatte seinen Entdeckern in den ersten Jahrzehnten so gut wie nichts zu bieten. Erst als man zu den Silber- und Goldländern Mexiko und Peru vordrang, brachte es seinen spanischen Herren etwas Erkleckliches ein. Aber die Erzeugung von Edelmetallen war nicht geeignet, einen lebhaften Handelsverkehr zu entwickeln. Ihr Transport war leicht vollzogen, und Ansätze zu bilden für rasche Entwickelung volkreicher Niederlassungen, wie es in unseren Tagen geschehen ist, war die damalige Produktionsart, waren die Fundorte und spanische Regierungs- und Verwaltungskunst nicht geeignet. Amerika hat im ganzen sechzehnten Jahrhundert schlechterdings nichts hervorgebracht, was einen umfassenderen Verkehr hätte begründen können; denn auch der Zuckeranbau blieb noch in bescheidenen Anfängen. Wer sich auch nur einen Augenblick die Frage vorlegt, durch welche Erzeugnisse Amerika die beherrschende Stellung gewonnen hat und behauptet, die es heute im überseeischen Verkehr Europas einnimmt, dem wird ja auch sofort klar werden, daß das alles Dinge sind, die erst im neunzehnten Jahrhundert Gegenstand größerer Ausfuhr wurden und werden konnten, und daß sie mit verschwindenden Ausnahmen überhaupt erst von Europäern in Amerika eingebürgert worden sind. In Sevilla und Cadiz, die das Privileg des Verkehrs mit Amerika besaßen, ist daher im sechzehnten Jahrhundert recht wenig mit überseeischen, mehr schon mit europäischen Erzeugnissen gehandelt worden, die bestimmt waren, dem Bedarf der weißen Siedler in den spanischen Kolonien zu dienen.

So ist die Wandlung, die sich im Laufe des sechzehnten Jahrhunderts infolge der großen Entdeckungen im Verkehrsleben vollzogen hat, keineswegs eine durchgreifende, völlig umgestaltende gewesen, ist das auch lange Zeit später noch nicht geworden. Die neuen Linien, die eröffnet werden (und das ist für die Beurteilung der hansischen Stellung von besonderer Bedeutung), werden während des ganzen Jahrhunderts so gut wie ausschließlich von ihren Entdeckern, von Spaniern und Portugiesen benutzt. Diejenigen Nationen, welche die Hansen verdrängt und sich selbst an deren Stelle gesetzt haben, Niederländer und Engländer, haben in der Zeit, in der sie das vollbrachten, am ostindischen und amerikanischen, überhaupt am transozeanischen Handel sich entweder noch gar nicht oder nur in den allerdürftigsten Anfängen beteiligt. Beide Völker haben bald nach der Mitte des Jahrhunderts angefangen, nach einem eigenen indischen Wege zu suchen, die Niederländer nach einer nordöstlichen, die Engländer mehr nach einer nordwestlichen Durchfahrt; aber beide sind erst ganz am Schlusse des Jahrhunderts, als sie des alten hansischen Handels schon Meister waren, mit Ostindien in direkten Verkehr getreten, noch später mit Amerika. Die Raub- und Beutezüge, die die Engländer unter

Abb. 91. Stralsund im siebzehnten Jahrhundert.

Königin Elisabeth in die spanischen Kolonien unternahmen, bezweckten keinen Handelsaustausch und haben einen solchen nicht angebahnt. Auf dem Wege ums Kap nach Ostindien zu fahren, haben die Niederländer erst unternommen, als ihnen der Bezug der von dorther kommenden Produkte auf spanisch-portugiesischem Boden unmöglich gemacht worden war. Der Niedergang der Hanse und Ostindien- und Amerikahandel haben unmittelbar kaum etwas miteinander zu tun.

Wenn aber nicht durch die Eröffnung neuer, überseeischer Verkehrslinien, so haben die großen Entdeckungen doch durch Belebung der bekannten und gewohnten europäischen Handelswege mächtig gewirkt. Spanien und Portugal und besonders das

Abb. 92. Die Marienkirche zu Stralsund.

erstere haben für die Schiffahrt der nordeuropäischen Völker eine früher nicht gekannte Bedeutung gewonnen. Die Groß- und Weltmachtstellung, in die Spanien unter Karl V. und Philipp II. emporwuchs, und das Zurücktreten des bürgerlichen und bäuerlichen Erwerbslebens hinter dem Konquistadorendrang, der weite Kreise seiner Bevölkerung erfaßte, vermehrten ganz erheblich den Bedarf des Landes gerade an Erzeugnissen, die vorzugsweise aus dem Norden und Nordosten von Europa, besonders aus dem Ostseegebiet bezogen werden mußten, Schiffsbauartikel aller Art, Eisen und Getreide. Dazu kamen die Waren, mit denen man die Angehörigen der Kolonien zu versorgen hatte (Leinwand spielt unter ihnen eine besondere Rolle), und welche die sinkende Gewerbstätigkeit Spaniens gar nicht oder nicht in genügender Menge zu liefern vermochte. Daß die von Amerika herübergeführten Edelmetalle, zumeist verwandt für die Zwecke der großen Politik, bald ihren Weg über ganz Europa hin fanden und ihre Einfuhr zeitlich ziemlich zusammenfällt mit einer namhaften Steigerung der Produktion an den alten europäischen, besonders den deutschen und ungarischen Fundstätten, hat schon an sich zu einem starken Aufschwung des gesamten europäischen Wirtschaftslebens im sechzehnten Jahrhundert geführt.

Abb. 98. Stralsund. Gemälde vom Jahre 1717.

Die Niederländer, lange Zeit noch Angehörige der spanischen Weltmonarchie, haben von dem Aufblühen des Handels nach der iberischen Halbinsel ganz besonderen Vorteil gezogen. Der mächtige Aufschwung ihres Ostseeverkehrs ist gerade dieser Entwickelung zuzuschreiben. Ihre Erhebung gegen die spanische Herrschaft hat daran zunächst nichts Wesentliches geändert. Spanien bedurfte zu sehr der Produkte, die gerade von den Niederländern herbeigeführt wurden, als daß Philipp II. sich rasch entschlossen haben sollte zu durchgreifender Unterdrückung dieses Handels, und den Niederländern brachte er zu großen Gewinn, als daß sie der oft angestellten Erwägung hätten Raum geben sollen, daß man durch ihn den Feind stärke.

Als der Kampf aber erbitterter wurde, und der Verlust des niederländischen Besitzes drohte, ist Spanien doch zu schärferen Maßregeln übergegangen. Seit der Eroberung Portugals im Jahre 1580 beherrschte es auch den Markt für die ostindischen Produkte; 1584 verbot Philipp II. den Niederländern Lissabon. Als diese im Vertrauen auf die bisher geübte spanische Praxis, die es mit erlassenen Verboten so strenge nicht genommen hatte, dem gewohnten Verkehr doch nicht entsagten, machte der König Ernst. Im Jahre 1595 wurden auf einen Schlag 50 niederländische Schiffe im Hafen von Lissabon weggenommen. Das nächste Jahr war das erste, das ein niederländisches Schiff nach Ostindien fahren sah, nach Java. Der Gewinn reizte zur Wiederholung; die Engländer folgten. In den letzten Tagen des Jahres 1600 und in den ersten des Jahres 1601 wurden unmittelbar nacheinander die englisch- und die niederländisch-ostindische Kompagnie gegründet. Weitere strenge Maßregeln der spanischen Regierung nötigten, statt spanischer und portugiesischer Salzhäfen solche an der Küste von Guinea aufzusuchen, mit den Getreideflotten ins Mittelmeer einzudringen und mit den spanischen Kolonien in Amerika jenen Schmuggelhandel zu beginnen, an den sich die an wilden Kämpfen so überreiche Entwickelung der Kolonisierung Westindiens knüpft.

Die neuen transozeanischen Handelsverbindungen, der „Handel von ferne", haben aber an Bedeutung noch lange zurückgestanden hinter dem altüberlieferten europäischen, besonders dem Ostseehandel. Für jedes Schiff, das nach Ostindien segelte, zählte man in

Abb. 94. Hausdiele eines alten Stralsunder Wohnhauses.

Abb. 95. Die lange Brücke zu Danzig.

den Niederlanden wohl hundert, die in die Ostsee gingen, ein Unterschied, der durch die Größendifferenz nicht allzusehr reduziert werden kann. Noch heute, unter so stark veränderten Verhältnissen, ist ja die Frequenz des Sundes und des Nordostsee-Kanals der des Suezkanals vielfach überlegen. Die amerikanische Fahrt beschäftigte noch weniger Schiffe. Noch 1666 waren dreiviertel des Kapitals der Amsterdamer Börse im Ostseehandel tätig; von dem letzten Viertel war über die Hälfte in Nordsee- und arktischen Betrieben, Herings- und Walfischfang nebst Robbenschlag, angelegt, und nur für den Rest waren ostindische und westindische Kompagnie tonangebend.

Und nun ist es für die Beurteilung der Hanse und ihrer Haltung entscheidend, daß die Städte, die überhaupt noch am Seehandel teilnehmen konnten, redlich bemüht gewesen sind, in diesem belebtesten und gewinnreichsten europäischen Betriebe des sechzehnten und siebzehnten Jahrhunderts, der für den niederländischen Wohlstand recht eigentlich die Pflanzstätte geworden ist, sich nach Möglichkeit zu behaupten, bezw. sich neu in ihn einzuführen. Sobald Lissabon ostindisch-orientalischer Markt geworden war, sind auch die Hansen dort erschienen. An der gesteigerten Zufuhr baltischer und auch niedersächsisch-westfälischer Erzeugnisse nach der pyrenäischen Halbinsel haben sie auf das nachdrücklichste ihren Anteil zu gewinnen gesucht. Den altüberlieferten, in ihren Händen befindlichen Weg zwischen Ost- und Nordsee von der Trave an die Elbe haben Lübeck und die wendischen Städte im Laufe des sechzehnten Jahrhunderts, den Forderungen der Zeit nachgebend, mehr und mehr verlassen und sind in die direkte Fahrt durch den Sund eingetreten. Im Jahre 1497 gingen, nach der ältesten Zolliste, 58 Schiffe wendischer Städte durch diese Meerenge, im Jahre 1540 dagegen 211 von Lübeck, Rostock und Stralsund, 1563 über 400 von allen wendischen Orten. Die Lübecker haben versucht, durch eine neue Kanalverbindung zwischen Trave und Alster (Elbe) die gewohnte Route leistungsfähiger zu machen, die hergestellte Wasserstraße auch ziemlich 20 Jahre (von etwa 1530—1550) benutzt, dann aber wieder aufgegeben, weil man die technische Schwierigkeit, auf der Scheitelhöhe des Kanals das Wasser in genügender Menge zu erhalten, nicht zu überwinden vermochte. Wenn den Hansen der Vorwurf gemacht worden ist, daß sie sich nicht hätten zu finden verstanden in die Anforderungen einer neuen Zeit, daß sie verknöchert seien in nicht mehr daseinsberechtigten Ordnungen und Gewohnheiten, so muß das als völlig unberechtigt zurückgewiesen werden. So

Schäfer, Die Hanse. 9

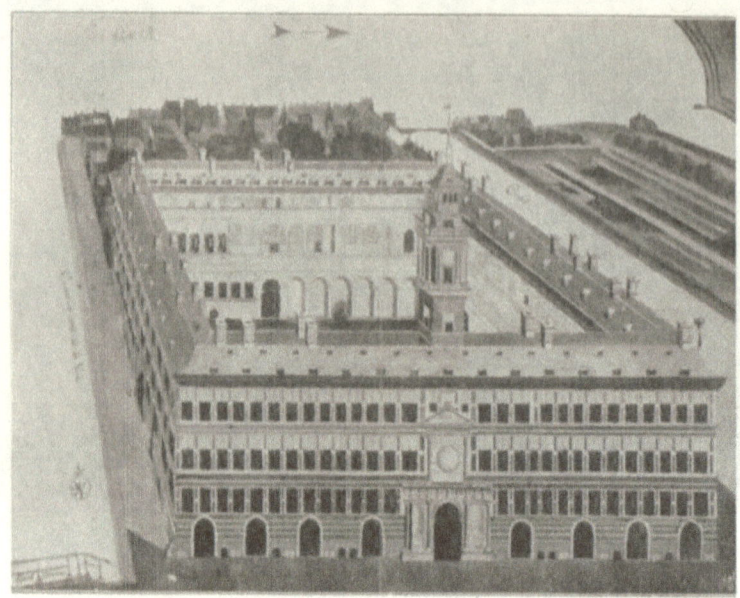

Abb. 96. Das Ostersche Haus in Antwerpen.
Aquarell vom Jahre 1771 im Staatsarchiv zu Lübeck. (Zu Seite 131.)

ziemlich in jeden neu aufkommenden, ihnen nur einigermaßen zugänglichen Betrieb haben sie einzutreten versucht. Aber ohne die Stütze einer ausreichenden politisch-militärischen Macht haben alle diese Versuche über bescheidene Erfolge nicht hinauskommen können. Im Verkehr nach der iberischen Halbinsel waren sie abhängig einerseits von der Gunst der spanischen und portugiesischen Könige und ihrer Beamten, die selbstherrlich und willkürlich genug waren gegenüber den „Ketzern" und zu rücksichtsloser fiskalischer Ausbeutung nicht geringe Neigung zeigten, andererseits von dem guten Willen der mit Spanien verfeindeten Mächte. Engländer und Niederländer antworteten auf spanische Übergriffe mit Krieg und Kaperei; die Engländer haben zu diesen Mitteln auch ohne solchen Anlaß gegriffen; die Hansen konnten nur Briefe und Gesandtschaften schicken und Vorstellungen machen. Einen spanisch-portugiesischen Handel in ihren heimischen Gewässern, an dem sie sich hätten schadlos halten können, gab es nicht. Wenn Engländer und Niederländer es angezeigt fanden, den hansischen Verkehr zu stören, — und besonders die Engländer haben das nicht selten ratsam gefunden —, so waren die Hansen so ziemlich in der gleichen Lage wie gegenüber den Spaniern. Als Franz Drake, dessen Name mit Dank und Bewunderung zu nennen heute jedes deutsche Schulkind gewöhnt wird, zusammen mit seinem Genossen John Norris am 30. Juni 1589 vor der Mündung des Tajo eine mit Getreide und Schiffsartikeln beladene hansische Flotte von 60 Schiffen wegnahm, ist nichts geschehen und hat nichts geschehen können, als daß man an Königin Elisabeth wirkungslose Beschwerden richtete. Daß deutsche Städte, besonders Lübeck, Hamburg und Danzig, trotzdem durch das ganze sechzehnte Jahrhundert hindurch und tief bis ins siebzehnte hinein mit der pyrenäischen Halbinsel einen lebhaften und gewinnbringenden Handel haben unterhalten können, verdient wahrlich eher Bewunderung als das Gegenteil.

Und ähnlich wie in diesem neuaufgenommenen Betriebe entwickelten sich die Verhältnisse auf dem alten Schauplatze hansischer Tätigkeit, in Flandern. Als das Kontor

in Brügge nicht mehr zu halten war, weil die Stadt selbst verödete, verzog man nach
Antwerpen. Man darf sich nicht täuschen lassen durch die Beschlüsse hansischer Städtetage, die sich der Verlegung des Kontors so lange widersetzt haben. Mit Recht sträubte
man sich, die alte Form zu zerbrechen, ehe für die neue ein Inhalt gesichert war. Daß
man, als diese Bedingung erfüllt schien, mit Kraft und Entschiedenheit in die neue Bahn
einlenkte, das beweist das gewaltige, bis in unsere Tage erhaltene, 1893 vom Feuer zerstörte
„Haus der Osterlinge" in Antwerpen (Abb. 96 u. 97), das in ungleich größerem Umfange
als das alte Kontor in Brügge in den Jahren 1564—1568 mit entsprechenden Kosten von
den Hansen erbaut wurde. Den anderen in der Scheldestadt vertretenen Nationen gaben
sie damals noch nichts nach, waren wahrscheinlich noch die Vornehmsten. Aber dann
kamen die aufständische Bewegung und die Ausschreitungen der spanischen Soldateska,
die mit der Eroberung der hartnäckig verteidigten Stadt durch die Spanier im Jahre 1585
endeten. Amsterdam trat an Antwerpens Stelle. Hansischer Handel und hansische
Schiffahrt wurden abhängig von der Führerin ihrer alten Gegner, sahen sich darauf
beschränkt, für den niederländischen Markt diejenige Zufuhr zu leisten und diejenige Mitwirkung beim Vertriebe seiner Waren, die in niederländischem Interesse lag. Die Hansestädte kamen bald dahin, nichts mehr zu wagen, was sie hätte mit den Niederländern
überwerfen können, sich zu bescheiden mit der Rolle der Handlanger für die glücklicheren
Nebenbuhler. Als Antwerpen fiel, ward den Holländern nachgesagt, daß sie es lässig
unterstützt hätten, weil sie die lästige Konkurrentin nicht ungern beseitigt sahen; daß sie
im westfälischen Frieden die Schließung der Schelde durchsetzten, beweist, wie einseitig
sie nichts als ihren Vorteil im Auge hatten. Als die Dänen im siebzehnten Jahrhundert wiederholt Hamburg schwer bedrängten, sahen auch das die Niederländer nicht so
ganz ungern. Sie sind, so lange sie das Heft in der Hand hatten, stets bemüht gewesen, selbständigen hansischen Handel nicht aufkommen zu lassen.

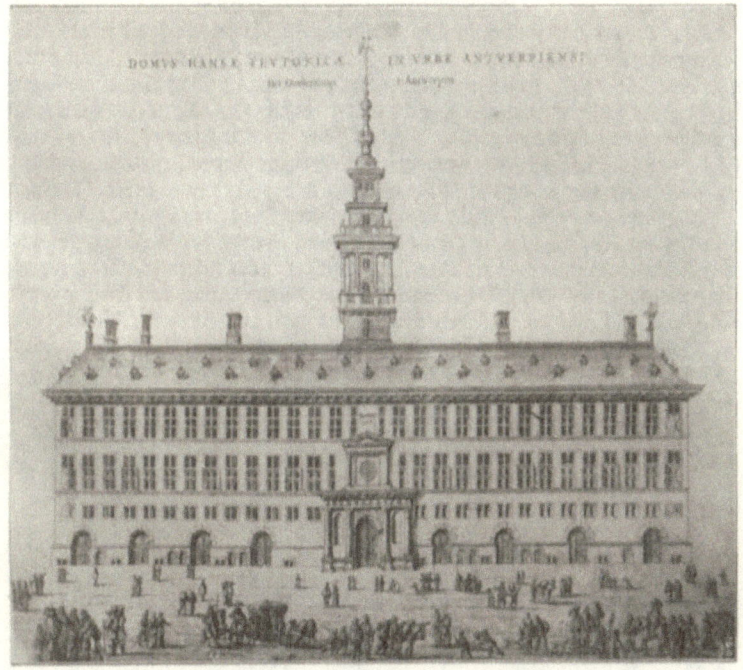

Abb. 97. Das Ostersche Haus in Antwerpen.
Stich von F. de Witt in der Stadtbibliothek zu Lübeck.

Wie die Hansestädte aus dem russischen und englischen Verkehr hinausgedrängt wurden, ist berichtet worden. Als die schwedisch-russischen Kämpfe am Finnischen Meerbusen den dortigen Handel zu erschweren begannen, haben Engländer und Niederländer versucht, ums Nordkap herum durchs Weiße Meer nach St. Nikolas (Archangel) einen neuen russischen Handelsweg zu öffnen. Gleichzeitig, in der zweiten Hälfte des sechzehnten Jahrhunderts, begannen Niederländer und Engländer, Franzosen und Basken lebhafter als bisher sich am Fischfang, an der Waljagd und dem Robbenschlage in den arktischen Gewässern zu beteiligen. Die Hansestädte erschienen auch auf dem Plane. Aber für jene Gewässer beanspruchten die dänischen Könige, Herren von Norwegen und Island, Hoheitsrechte. Den Verkehr nach Archangel suchten sie zu verhindern, weil er den Sundzoll schädige. Die Angehörigen der großen westeuropäischen Nationen haben trotz dieser Ansprüche und Einwände ihre Betriebe gegen eine mäßige Abgabe aufrecht erhalten. Die Hansestädte mußten entsagen. Sie waren zu abhängig von dem jetzt soviel mächtigeren Nachbarn, als daß sie gegen seinen Willen etwas hätten durchsetzen können. Dem so lange blühenden Hamburger und Bremer Islandhandel hat Christian IV. ein Ende gemacht, indem er ihn einer Kopenhagener Kompagnie mit ausschließlicher Berechtigung übertrug.

Die Vorsehung hat gewollt, daß auch eine andere Quelle hansischen Wohlstandes um diese Zeit versiegte. Zu Ende der fünfziger Jahre des sechzehnten Jahrhunderts erschien der Hering zum letztenmal in gewohnter Menge im südlichen Sunde. Man wartete mehrere Jahre vergebens; dann folgte ihm der Kaufmann nach Marstrand, an die Küste der damals norwegischen, jetzt schwedischen Landschaft Wigen, wo der Fisch auftrat wie bisher vor Falsterbo-Skanör. Aber nach einem Menschenalter, im letzten Jahrzehnt des Jahrhunderts, verlor er sich auch von dort, um künftig nur noch in der Nordsee zu erscheinen. Ihre Anwohner: Niederländer, Schotten, Norweger wurden Fischer und Händler zugleich, und es konnte die Redensart aufkommen, daß Amsterdam auf Heringen gebaut sei.

In Bergen sind in der zweiten Hälfte des sechzehnten Jahrhunderts den Angehörigen der Hansestädte ihre Privilegien von den Königen Christian III., Friedrich II., Christian IV. zunächst verkürzt und dann ganz genommen, die Niederländer im Gegensatz zu ihnen gefördert worden. Auch die Fahrt dorthin hat unter den niederländisch-spanisch-englischen Kämpfen gelitten; besonders sind die „Dünkirchener", die neu aufgekommenen Parteigänger und Freibeuter der spanischen Krone, gefährliche Gesellen gewesen. Aber die norwegische Reise entfernte nicht allzu weit von den heimischen Gestaden; man vermochte ebenfalls, sie mit bewaffnetem Geleit zu decken. Und da ist es bemerkenswert, daß sich trotz der Ungunst der dänisch-norwegischen Regierung der hansische Handel in Bergen in seiner alten Vorrangstellung behauptete bis tief ins siebzehnte Jahrhundert hinein. Von 75 im Jahre 1518 in Bergen verkehrenden Schiffen waren 62 hansische, 61 von 79 im Jahre 1519 und im Jahre 1598/99 von 277 noch 233, im nächsten Jahre 167 von 198. Wie es dann abwärts ging, belegen die folgenden Zahlen:

|  |  |  |
|---|---|---|
| 1620/21 | hansische Schiffe | 125 |
| 1624/25 |  | 103 |
| 1627/28 |  | 87 |
| 1628/29*) |  | 43 |
| 1633/34 |  | 56 |
| 1635/36 |  | 41 |
| 1639/40 |  | 25 |
| 1640/41 |  | 32 |

Was der dreißigjährige Krieg auch für den Seehandel bedeutete, tritt hier deutlich zu Tage. Den Hafenstädten war ihr Hinterland genommen! Der Holzhandel von den

---

*) Die deutsche Küste von Kaiserlichen und Ligisten besetzt!

Abb. 98. „Washington", erstes deutsch-amerikanisches Post-Dampfschiff, 1847.
(Zu Seite 135.)

norwegischen Küsten, in den sich für die Fahrt nach Schottland und Spanien Deutsche, besonders Stralsunder, neu eingearbeitet hatten (das norwegische Holzgeschäft ist überhaupt erst im Laufe des sechzehnten Jahrhunderts emporgekommen), hörte damals ganz auf!

Als im Jahre 1645 Gesandte der Städte Lübeck, Hamburg und Bremen nach zähem Widerstande der Dänen es durchgesetzt hatten, daß sie den monatelangen Verhandlungen zwischen Schweden, Dänen und Niederländern an der dänisch-schwedischen Grenze bei Brömsebro beiwohnen durften, um ihre Interessen in den umstrittenen Sund- und Elbzollfragen wahrzunehmen, forderte Axel Oxenstjerna sie zu einem Bündnis gegen Dänemark auf, wie es die Niederländer mit Schweden geschlossen hatten. Der durch seine Schriften über kaufmännisches Recht berühmt gewordene Johann Marquart antwortete, „die ehrbaren Städte seien nicht so beschaffen, daß sie sich solch hohen Potentaten widersetzen könnten; man wisse wohl, wie es über die Geringeren pflege auszulaufen; sie könnten sich mit den Herren Staaten (den Niederländern) nicht komparieren, altri tempi altere cure, als wohl vor der Zeit gewesen; die Niederländer seien die Vorfechter des Handels (propugnatores commerciorum), durch die man sich schützen lassen müsse, die Städte nicht mehr in der Postur, ihre Rechte mit den Waffen (jura armis) zu verteidigen, darin sie vor Jahren gewesen". An dieser aus den Geschäften erflossenen Äußerung kann kein Geschichtschreiber etwas richtig stellen, noch ihr etwas Wesentliches hinzufügen, wenn er darlegen will, wie die Hanse zu Grunde ging.

Es ist auch hingewiesen worden auf die konfessionelle Spaltung. Sie hat irgend welche in Betracht kommende Einwirkung auf die Geschicke des Bundes nicht gehabt. Köln war die einzige größere Stadt, die der alten Kirche treu blieb; auf ihre Beziehungen zur Hanse hat das keinen Einfluß geübt. Bremen war von 1563—1576 verhanst wegen Unruhen, die in seinen Mauern aus Anlaß von calvinistisch angehauchten Lehren seines Predigers Hardenberg ausgebrochen waren; daß die Geschicke des Bundes davon irgendwie nachhaltig berührt worden wären, läßt sich nicht nachweisen. Wenn überhaupt auf die Uneinigkeit der Glieder als Grund des Verfalles hingewiesen worden ist, so muß bemerkt werden, daß die im sechzehnten Jahrhundert, im allgemeinen betrachtet, nicht größer und auch nicht kleiner war als im vierzehnten und fünfzehnten. Sie ist, wie schon dargelegt, im Wesen des Bundes begriffen, von ihm unzertrennlich. Von sinkender

Begabung kann auch in keiner Weise die Rede sein. Die nord- und nordwesteuropäischen, sämtlich fast rein germanischen Völker sind und waren in ihrer Veranlagung für wirtschaftliche Tätigkeit in allem Wesentlichen einander völlig gleich; wenn eins vor dem anderen einen Vorsprung gewann, so beruhte und beruht das, abgesehen etwa von der geographischen Lage und vorhandenen Bodenschätzen, auf der Gunst der politischen Verhältnisse, auf die gestützt man in den wirtschaftlichen Wettbewerb eintreten konnte. Diese Verhältnisse hatten die Hanse gefördert in der Zeit ihres Emporblühens; sie hinderten jetzt die Fortdauer ihres Bestandes. Was einst ein Vorteil gewesen war, die Zersplitterung des Reiches, ward jetzt ein unausgleichbarer Nachteil. Stadtstaaten waren den neuen Aufgaben nicht mehr gewachsen, Genuesen und Venetianer ebensowenig wie Hamburger, Lübecker und Bremer.

## X.

So wenig wie der Beginn läßt das Ende der Hanse sich zeitlich fixieren. Im Jahre 1669 wurde zum letztenmal, in Lübeck, eine hansische Tagfahrt gehalten, an der auch andere als die noch heute Hansestädte genannten Orte beteiligt waren, nämlich Danzig, Braunschweig und Köln und, wenn man Vollmachtserteilung gelten lassen will, noch Rostock, Osnabrück und Hildesheim. Die Bedrängnis Braunschweigs durch seinen Landesherrn, die 1671 zum Verlust der Selbständigkeit der Stadt geführt hat, gab den Anlaß, da es sich um eine Gefahr handelte, die auch den übrigen Städten nicht fern war. Aber als diese Versammlung abgehalten wurde, waren volle vier Jahrzehnte verflossen, in denen keine solche mehr stattgefunden hatte, und andererseits waren im Jahre 1630 Lübeck, Hamburg und Bremen zu jener engeren Vereinigung zusammengetreten, die man als Anlaß ansehen kann dafür, daß diese Städte sich den Namen „Hansestädte" bis heute bewahrt haben. Später sind noch manchmal Gedanken gehegt, man kann auch sagen Träume geträumt worden, von einer Wiederbelebung des alten hansischen Bundes, aber über den Zusammenhang hinaus, der noch heute zwischen den genannten drei Städten besteht, ist die Tat nie gekommen. Und dieser Zusammenhang ist gegenüber den Begründungsgedanken ein sehr viel lockerer geworden. War das ursprüngliche Bündnis von 1630 noch ein Verteidigungsbund gegenüber drohenden Gefahren, so ist das gegenwärtige Verhältnis nichts mehr als eine Gemeinsamkeit vereinzelter Einrichtungen, besonders des Oberlandesgerichts und der Vertretung bei der preußischen Regierung. In der zwei Jahrhunderte langen Zwischenzeit ist noch manches gemeinsam unternommen und verhandelt worden; Verträge mit dem Auslande sind geschlossen und gemeinsame Rechte erlangt worden, bis die Regelung der auswärtigen Beziehungen auf den Norddeutschen Bund und weiter auf das Reich überging. Lange verwaltete man auch noch einen gemeinsamen Besitz, dessen Vorhandensein die drei Städte als Rechtsnachfolger der alten Hanse erweist, den Stahlhof in London und das Haus der Osterlinge in Antwerpen. Ersterer ist 1853 um 1 450 000 Mark (72 500 £) verkauft worden (an seiner Stelle steht jetzt die Cannon Street-Station), letzteres 1862 für 800 000 Mark (1 000 000 Frcs.).

*

Der großartige Aufschwung deutschen Seehandels und deutscher Schiffahrt, den wir seit der Begründung unserer wirtschaftlichen und staatlichen Einheit erleben durften, ist gelegentlich Anlaß geworden, mit einer gewissen Geringschätzung von den engen Grenzen althansischer Tätigkeit und ihrem bescheidenen Können zu sprechen. Man hat darauf hingewiesen, wie unbedeutend auch der blühendste Handel der alten Städte gewesen sei, verglichen mit dem Treiben, das sich in unseren großen Verkehrszentren abspielt. Es kann entgegnet werden, daß man sich vor einer Unterschätzung der Alten hüten muß; aber das ist nicht das Entscheidende. Ausschlaggebend ist, daß es bei einer vergleichenden Beurteilung auf den Umfang des Verkehrs gar nicht ankommt, sondern auf die Rangstellung, die eine Nation in ihrer Zeit einnimmt. Und da ist der Hanse, unvollkommen, stück- und flickwerksartig, wie sie unseren modernen Augen erscheint und auch in mancher Beziehung wirklich war, doch das Verdienst nicht abzusprechen, daß sie durch Jahrhunderte deutsches Volk und deutsche Arbeit zur See und im ganzen europäischen Norden nicht nur würdig, sondern gelegentlich geradezu glänzend vertreten hat, daß es ihr gelungen ist, nicht nur Herr des eigenen Handels zu bleiben in einem Umfange, wie das gleichzeitig keine andere Nation des atlantischen Europa vermocht hat, sondern auch im fremden Zwischenhandel eine Bedeutung zu gewinnen, der die keines anderen Volkes gleich kam. Mehr ist in unseren glücklichen Tagen auch nicht erreicht; im Gegenteil, man kann sagen, daß wir von einer derartigen Stellung innerhalb des gegenwärtigen Verkehrslebens noch recht weit entfernt sind, auch hinzufügen, daß wir geringe Aussicht haben, sie je wieder völlig zu erringen. Denn die Tatsache, daß sich die Engländer in ihrem dem alten hansischen ähnlichen, kaum wesentlich stärkeren Übergewicht allem Anschein nach auch nicht zu behaupten vermögen, spricht nicht dafür, daß es sobald wieder, wenn überhaupt je, irgend einer Nation gelingen werde, eine Stellung zu gewinnen, wie sie erst die Hanse, dann die Niederländer und nun seit fast zwei Jahrhunderten die Engländer mehr oder weniger umstritten behauptet haben.

Die deutsche Hanse hat aber auch noch das weitere Verdienst, daß sie dem kaufmännischen und seemännischen Unternehmungsgeiste, dem kühnen Wagemute, der die Gefahren der Wogen und der Fremde nicht scheut, in unserem Volke eine dauernde Stätte bereitet hat. Die Hanse ist es gewesen, die Städtewesen und Bürgertum im Gebiet der norddeutschen Tiefebene von den Mündungen des Rheines bis hinein in die fremden Völkerschaften an den ostbaltischen Gestaden gefördert und zur Geltung gebracht und damit einen Kulturfaktor eingeführt hat, ohne den an eine weit ausgreifende, weltgeschichtliche Entwickelung nicht zu denken war. Als die Jahrhunderte kamen, wo es die größte Weisheit wurde, sich mit Schmiegsamkeit und Biegsamkeit, mit Unverzagtheit, Zähigkeit und Genügsamkeit hindurchzuwinden durch die Hindernisse, welche die Weltlage von allen Seiten dem deutschen Seehandel entgegentürmte, da bewährte sich doch der gesammelte Schatz von Erfahrung, Geschäftskunde und Betriebsamkeit, von wetterfestem Mute und unbeugsamer Entschlossenheit, und hat selbst in den trübsten Tagen nicht ganz erschöpft werden können. Auch der altgewonnene Wohlstand, so unentbehrlich für den Handelsbeflissenen, ist nie völlig auf die Neige gegangen. So sind denn die hansischen Bürgerschaften, als die Gunst der Zeiten sich wendete, alsbald wieder unter den ersten auf dem Platze gewesen. Sie betraten mit lebhaftester Energie die Bahn, die sich öffnete, als die nordamerikanische Union sich von England löste; sie waren unter den frühesten, als es galt, mit den freigewordenen spanischen und portugiesischen Kolonien Handels- und Schiffahrtsverträge zu schließen; sie waren die ersten, die eine regelmäßige Dampfschiffsverbindung zwischen dem europäischen Kontinent und den Vereinigten Staaten zu stande brachten (Abb. 98); ihr Handel und ihre Reederei erwarben sich in dem neu aufkommenden ostasiatischen, australischen und Pacific-Verkehr rasch eine Stellung. Auch der kriegerische Mut, den die Vorfahren so oft betätigt hatten, ist ihren Angehörigen in den Tagen, da man sich ducken mußte, nicht verloren gegangen. Gestalten wie die des Hamburger Konvoiführers Karpfanger, der in den Jahren 1674—1683 mit seinem Fregattschiff die ihm anvertrauten Handelsflotten gegen manchen überlegenen Kaperangriff ruhm- und erfolgreich verteidigte, die des Lübeckers Johann Joachim Schumann, der 1817 sein von algerischen Korsaren auf der Höhe von Lissabon genommenes und mit elf Piraten besetztes Schiff selbfünft zurückeroberte, und ähnliche belegen das. Die öffentlichen Gewalten, die den Handels- und Schiffahrtsstand zu vertreten hatten, fanden für derartige Kräfte immer weniger Verwendung, je mehr sie sich genötigt sahen, ihre Sache auf die Künste der Diplomatie zu stellen. Aber der klarblickende Bremer Bürgermeister Smidt hatte so unrecht nicht, wenn er, unter Anspielung auf die Heldenschar des Braunschweiger Herzogs, in Männern wie Schumann das „Cadre zu einer Schar hansischer See-Totenköpfe" erblickte. Was an wirtschaftlicher, an sittlicher und kriegerischer Kraft in der städtischen und ländlichen Bevölkerung unserer Küstengebiete steckt, ist jetzt zusammengefaßt in den Rahmen des Reiches und hat dadurch die Möglichkeit gefunden, sich mit Aussicht auf Erfolg auf einem weiteren Felde zu betätigen, als den hansischen Vorfahren vergönnt war. Die letzten Tage, die den Schiffahrtsvertrag der amerikanischen und deutschen Gesellschaften zu allgemeiner Kenntnis brachten, haben wieder einmal gezeigt, welch feste Stütze wirtschaftlicher Unternehmungsgeist an einer starken und einsichtsvollen Staatsgewalt gewinnen kann. So sind unsere Aussichten im Wettbewerbe der Völker nicht schlecht; wir dürfen hoffen, uns zu behaupten und unser zu nennen, was Fremden nicht gehören darf. Wer aber diese glückliche Lage richtig würdigen, ihre Voraussetzungen und Bedingungen verstehen will, der wird wohltun, die „deutsche Hanse" nicht außer acht zu lassen. Ihr Name darf mit Stolz von jedem Deutschen genannt werden.

# Register.*)

Accise 96.
Ackerstädte 50.
Aethelred 10.
Albrecht der Große, Herzog von Mecklenburg 65.
Albrecht, König von Schweden 65.
Albrecht von Österreich 36.
Alholm, Vertrag zu 65.
Amager 42.
Amerika 124.
Amsterdam 129. 132.
Ämter s. Zünfte.
Angelsachsen 4. 9.
Ansgar 9.
Antwerpen 96. 131.
Archangel 132.
Artushof in Danzig 54.
Augsburg 49.
August, Kurfürst von Sachsen 114.

Baienfahrt 46. 96.
Baltische Lande 8f. 12 u. ö. 113.
Bank und Genossenschaft (Lübeck) 22.
Bauten 90.
Beneke, Paul 83.
Bergen 44f. 132.
Biere 54.
Birka (Mälarsee) 10.
Bischofsstädte 16.
Boizenburg, Jordan von 26.
Bornhöved 35.
Bourgneuf 46.
Brauerei 54.
Braunschweig 16. 50. 75. 115f. 134.
Bremen, Erzb. 10. 96. 133.
Brömsebro 133.
Brücke (zu Bergen) 44.
Brügge 25f. 40—46. 80. 95f. 131.
Bündnisse 95f.
Bursprake 22.

Cadix 124.
Charente (Wein) 47.
Christian I., König von Dänemark 82. 85.
Christian II., König von Dänemark 103.
Christian III., König von Dänemark 112.
Christian IV., König von Dänemark 115.
Christian von Schleswig-Holstein 110.
Christoph III., König von Dänemark 85.

Danzig 40—42. 96. 114. 134.
Deutschorden 12.
Drake 130.
Dünkirchner 132.

Eduard IV., König von England 82.
Elisabeth, Königin von England 120.
Englischer Handel 9. 23f. 80. 117. 121.
Erich Menved 36.
Erich von Pommern, König von Dänemark 84. 94.
Erich XIV., König von Schweden 114.

Falsterbo 42.
Fehden der Städte 95.
Fitten 42. 50.
Flandern 15. 25. 40. 46. 75. 130.
Franken 4.
Friedeschiffe 72.
Friedrich II., Kaiser 24. 35.
—, König von Dänemark 113.
—, Herzog von Schleswig-Holstein 104f.
Friesen 6. 8f. 16. 25. 40. 98.

Geldverkehr 86.
Gemeinfreiheit 57.
Genossenschaft, deutsche, auf Gotland 22. 24. 28.
Gent 25. 116.
Gerhard der Große, Graf von Holstein 36. 59.
Gerichtsbarkeit, städtische 32. 42.
Geschäftsbetrieb 53. 86.
Geschäftsordnung der Hansetage 74.
Geschichtschreiber:
  Adam von Bremen 10. 47.
  Albert von Stade 47.
  Alpert 16.
  Helmold 12.
  Jordanis 4.
Gildhalle in London 24.
Goten 20f.
Gotland 10. 19. 24.
Gotlandfahrer 22. 30.
Grafensehde 110.
Grundherren 10.
Grundruhr 50.
Gustaf Adolf, König von Schweden 112. 117.
Gustaf Wasa 110.

Habsburger, die 113. 116.
Hakon, König von Schweden 61. 65.
Hamburg (Gründung) 16. 24 u. ö.
Handelsartikel 41—47.
  Biere 54.
  Edelmetalle 124.
  Eisen 41. 126.
  Getreide 41. 100. 126. 128.
  Holz 41. 100.
  Indische Waren 41. 124.
  Leinwand 96. 126.
  Orientalische Waren 41. 124.
  Pelze 10. 24. 41.
  Salz 44f. 49f. 128.
  Tuche 24. 26. 41. 96. 117 (englische 124).
  Wein 41. 47. 96.

Handelsgeschichte 40.
Handelsordnung 97.
Handel über Land 49.
Handelswege 9. 20. 26. 42. 48 f.
Hausgewerbe 18.
Hausierverkehr 37. 44.
Hanse, die 3. 24. 32.
  Bedeutung des Wortes 37.
  Bundestätigkeit 34. 36.
  Dudesche 36.
  Gebiet 12. 37 ff.
  Gründungsjahr 34. 36.
  Organisation 58. 77.
  Tagfahrten (Hansetage) 65.
    74 ff. 93 f. 96 f. 117.
  Weltgeschichtliche Bedeutung
    3. 135.
Harzstädte 33.
Heinrich III., König von Eng-
  land 24.
Heinrich VII., König von Eng-
  land 120.
Heinrich VIII., König von Eng-
  land 121.
Heinrich, Graf von Holstein
  (Gerhards Sohn) 62.
Heinrich der Eiserne, Graf von
  Holstein 65.
Heinrich der Löwe 12. 16. 32.
  34.
Hemmingstedt (Schlacht) 103.
Heringsfang 42. 129. 132.
Hildesheim 50.
Hohenzollern, die 93.
Holstein 59. 104.
  (Adel) 60. 109.
Hoyer, Hermann, von Lübeck 26.

Island (Fischerei) 45. 82.
Itinerar (Adams von Bremen)
  47 f.
Iwan III., Großfürst von
  Moskau 100.
Iwangorod 100.
Java 128.
Johann, König von Dänemark
  100.

Kabeljau 45.
Kaiserpolitik (im Mittelalter)
  7. 11. 31 f.
Kalmar (Union) 84.
  — (Krieg) 116.
Kampen 40. 65.
Kanäle 49.
Kaperkrieg 82. 84. 112. 130.
  132.
Kaufleute (des Kaisers) 10.
  (des röm. Reiches) 26.
  (gemeine) 30.
Kaufmännische Gliederung 53.
Karl IV., Kaiser 67. 73.
Karl V., Kaiser 126.
Karl Knutson, König von Schwe-
  den 85.
Klevische Städte 75.
Klipphäfen 100.

Knut VI., König von Dänemark
  35.
Köln 24. 32. 96. 133 f.
  (Konföderation) 66. 74. 98.
Königspfalzen 16.
Kolonisation (12.—13. Jahrh.)
  11 f. 15 f.
Kompagnien (englische, niederl.-
  ostind.) 128.
Konquistadoren 126.
Kontore 50. 95. 98.
  (Kontorspiele) 91.
Kopenhagen 100. (Vertrag) 103
  u. ö.
Korrespondierende Städte 115.
Krakau 18. 38.
Kreuzzüge 11.
Küsten, niederdeutsche 4.
Küstenfahrt 44.
Kunsthandwerk 90.

Läger, wilde 97.
Landesfürstentum 65. 93. 95.
  119.
Landesherren 16.
Landfrieden 33.
Landgüter 93.
Landhandel 49.
Leute des Kaisers s. Kaufleute.
Lissabon 47. 124. 128.
Livländischer Orden 14. 113.
Livländische Städte 75. 100.
London 33 (s. Stahlhof).
Lübeck 16. 18. 22 u. ö.
  (Mittelpunkt der Hanse 28.
  40; Haupt der wendischen
  Städte 40).
Lübisches Recht 30.

Magdeburg 38. 40. 116.
Magnus, König von Schweden
  60. 65.
Malmö (Friede) 103. 109.
Margareta, Königin von Däne-
  mark 64. 72. 84.
Märkische Städte 33. 38. 93.
Markt 16. 32; (freier) 96.
Matrikel 78.
Mecklenburger Herzöge 65.
Memling, Jüngstes Gericht 82.
Merchant adventurers 41.
Michels, Godeke 73.
Mittelmeer 3.
Mongolen 41.
Münze 32. 86.

Narwa 100. 113 f.
Nation, die 46. 53.
Nautit 48.
Niederdeutsche (Küste, Stämme)
  4. 32.
Niederländer 32. 100. 116.
  118. 128.
Nikolaus, Graf von Holstein
  62.

Nordostseekanal 129.
Nordsee 4.
Normannen 6. 41. 47.
Nowgorod 22. 40. 80. 100.

Oberdeutsche 49.
Odense (Vertrag) 113.
Olaf, König von Dänemark 72.
Oldenburgische Königsfamilie
  85.
Osterlinge 46. 50. 131; (in
  Antwerpen) 134.
Ostindien 124.
Ostsee (Römerzeit) 4. 10. 12.
  19 f. 38 u. ö.
Overijsselsche Städte 25.

Patriziat 52.
Peterhof (Nowgorod) 22. 50.
Philipp II., König von Spanien
  126.
Politik (auswärtige) 78 ff.
Pommersche Städte 33. 38.
Portugal 116. 128.
Preußische Städte 12. 38. 75.

Recesse (der Hansetage) 76.
Reval 103.
Rhein 9. 49.
Rheinische Städte 24.
  Rheinisch-westfälische 26.
Riga 75.
Robbenschlag 44. 129. 132.
Römer, die 4.
Rostock 36. 40. 66. 116.
Rügen 42.
Russischer Handel 100.

Sächsische Städte 38. 75. 93.
Schauenburger Grafen 12. 16.
  59.
Schiffahrt 19. 30. 47.
  (Ordnungen) 97.
Schiffer 3; (Stand) 48. 52. 57.
Schiffsbau 4. 48.
Schleswig-Holstein 104.
Schmuggel 128.
Schonen 42 f. 60.
Schoß 96 f.
Schutzherren 93.
Schwertbrüder 14.
Seekarten 48.
Seeraub 4. 42. 56. 60. 73. 79.
  106; (englischer) 82. 84.
Seerecht (Wisby) 90.
Seestädte (wendische) 30 ff.
Sevilla 124.
Siebenjähriger Krieg 112 f.
Skandinavien 118.
Skanör 42.
Skra (Nowgorod) 22. 29.
Slaven 6. 8 (an der Ostsee);
  11 (Grenze).
Sonderbündnisse 75. 96.
Soest 36. 50.
Spanien 116 f. 126.

Städtegründung 16 f.
  Städtewesen (11. Jahrh.) 15. 20. 54.
  Stadtgemeinde 20. 54.
  Stadtrechte (deutsche) 16 ff. 30. 54.
  Stadtverfassung 51.
  Stadtverwaltung 16. 52.
Städtetage, landschaftliche 76.
Stahlhof 45. 50. 96. 121.
Stapel 42. 96 f.
Steckenitz 49. 129.
Sten Sture 85.
Stettin (Friede) 18. 38. 114 u. ö.
Steuerpflicht 68.
Stockfische 44.
Stockholm 103.
Störtebeker 73.
Stralsund 18. 38. 114 f. 126. 133; (Friede) 68. 94.
Strandraub 22.
Strandrecht 50. 69.
Straßen 9. 49. 50.
Straßenschutz 34 f.
Süderseeische Städte 40. 65. 66.
Suezkanal 1. 129.
Sund 42.
Sundzoll 84. 96. 113 ff.
Sundzollisten 118.
Swin 25.
Syndikus 96.

Territorien 12.
Thorn (Friede) 94.
Tohopesaten s. Sonderbündnisse.
Toulouse 47.
Transozeanischer Handel 124.
Trese 24. 55. 75.
Trinkstuben 54.
Troyes (Messe) 49.
Tuche s. Handel.

Umschlag 42.
Union (skandinavische) 64. 119.
Universitäten gegr. 90.
Utrecht 9. 83.

Verhansung 95.
Verpfändungen 92.
Verträge mit dem Ausland 55.
Vertretung im Ausland 55. 95.
Vitalienbrüder 72.
Völkerwanderung 4.
Vogtrechte 32.
Vororte 75.

Waal 9.
Wachs 11. 24 (s. Handelsartikel).
Wagrien 8. 12.
Waldemar der Große (von Dänemark) 35.
Waldemar der Siegreiche 35 f. 43.
Waldemar IV., Atterdag 37. 60. 66 f.

Waldemar, Herzog von Schleswig, König von Dänemark 59.
Walfang 45. 129. 132.
Wallenstein 116.
Waräger 20.
Warendorp, Brun, von Lübeck 68.
Washington, Postdampfer 133.
Wattenfahrer 9. 48.
Wehrverfassung 49.
Welfische Herren 93.
  Städte 33.
Wendische Städte 30. 32. 75. 93. 96. 110. 113.
Westfälische Städte 28. 30. 33. 38. 75.
Wijt bij Duurstede 9.
Wikinger 11.
Wisby 20 ff.
Wismar 33. 36. 68. 116 u. ö.
Wittenborg, Johann, von Lübeck 63.
Wordingborg (Friede) 54. 64. 96.
Wullenwever 108 ff.

Yperen 25. 46.

Zünfte 55.
  (Kämpfe) 94. 110.
Zuckerbau 124.

www.ingramcontent.com/pod-product-compliance
Lightning Source LLC
Chambersburg PA
CBHW021712230426
43668CB00008B/808